片野坂知宏の挑戦 カタノサッカークロニクル

ひぐらしひなつ 著

内外出版社

カタノサッカー
クロニクル

片野坂知宏の挑戦

◆◆◆目　次◆◆◆

第3章 いま、立ち返るべき場所

第4章 目標達成へのマネジメント

装幀――――小口翔平＋三沢稜（tobufune）
カバー写真――大分フットボールクラブ

プロローグ

この地球という惑星には、人類が長きにわたり嗜んでいる、サッカーという球技がある。

それぞれ11人で構成される2つのチームがボールを奪い合い、相手ゴールに入れる回数を競う。ただし、11人のうちの10人は、手でボールに触れてはならない。主に足を使い、ときに頭や胸や肩でボールを操る。

競技の起源をたどれば古代ローマ帝国時代にまで遡るが、現在一般的に「サッカー」と呼ばれているのは、広義のフットボールから「アソシエーション式」として分化したものだ。その源流を作った欧州をはじめ、オセアニア、南米、北中米カリブ海、アフリカ、アジアの200を超える国や地域で、国際サッカー連盟（FIFA）の定める規則や基準に則ってプレーされている。

極東の国・日本にも古来、中国から伝わり独自の進化を遂げた蹴鞠という遊びがあった。平たく言えばリフティング大会で、個人戦と団体戦が行われていた。平安時代には宮廷競技として流行し、安土桃山時代あたりまで親しまれたようだが、いわゆるアソシエーション式フットボールが伝来したのはそのずっと後、1800年代後半のことだった。

1968年メキシコ五輪で銅メダルを獲得したり、アジア最終予選で韓国に敗れて1986年メキシコワールドカップ出場権を逃したりという歴史を刻みながら、社会人リーグにプロ契約のプレーヤーが混在した時代も経て徐々にプロ化が進められ、ようやくこの国にプロサッカーリーグとしてJリーグがスタートしたのが1993年。

欧州各国に比べればはるかに歴史も浅く、市場規模や観客数もいまだ遠く及ばないが、それでも今日に至るまでの二十数年間で、着実に「Jリーグ文化」は日本に根付いてきた。

他国のリーグでもそうであるように、Jリーグでも、チームを率いる名物監督たちが続々と趣向を凝らした独自の戦い方を編み出している。ハンス・オフト、スチュワート・バクスター、オズワルド・アルディレス、イビチャ・オシム、ミハイロ・ペトロヴィッチ、松田浩、大木武、城福浩、風間八宏、アンジェ・ポステコグルー、ミゲル・アンヘル・ロティーナ。他にもイヴィツァ・バルバリッチやランコ・ポポヴィッチ、フアン・エスナイデルと、挙げれば限りなく、幾多の知将がクセの強い手練手管を披露してきた。

その曲者揃いの指揮官列伝に新たに名を連ね、ここ数年のうちに見る見る存在感をあらわにした男がいる。男は2016年、Jリーグで最も下のカテゴリーであるJ3へと降格した小さな地方クラブ・大分トリニータで初めて指揮を執り、いきなり優勝してJ2へと昇格。さらに2シーズンでそのステージを駆け抜けると、就任4年目にはチームを国内最高カテゴリーのJ1にまで押し上げた。

当時のトリニータは2009年に明るみに出た債務超過額11億円超の経営危機から立て直しを図っている最中で、資金は決して潤沢ではない。Jリーグが2019年7月に発表した2018年度の各クラブ経営情報によれば、予算規模はJ1・ヴィッセル神戸の44億7700万円が最大で、鹿島アントラーズと浦和レッズが31億円台で並び、名古屋グランパス、柏レイソル、サガン鳥栖がそれに続く。トリニータは4億8200万円で、J2ランキングでも中位だった。2019年はJ1仕様にグレードアップしたとはいえ、推定で8億円弱。2018年J1ではV・ファーレン長崎が8億1400万円で戦い、J2降格している。V・ファーレンの次に予算が少なかったのはベガルタ仙台で、それでも12億円以上は費やしていたことを考えると、これはまるでミサイルが飛び交う戦場に竹槍で殴り込むレベルの無謀さと言っても過言ではなかった。戦術家の指揮官がいかに工夫を凝らして竹槍をパワーアップしたところで、桁違いな話だ。ミサイル的スーパースターにはやはり高額年俸を受け取っているだけの理由がある。

そういう条件下で２０１９年、６シーズンぶりにＪ１のステージに挑むことになったトリニータは、開幕前の順位予想で、ほとんどのメディアから降格候補筆頭に挙げられた。実際、６年前の前回のチャレンジでは、２勝しか出来ずに一年でＪ２へと逆戻りしている。Ｊ２の６位からＪ１昇格プレーオフを頂点まで勝ち上がったトリニータだけにとどまらず、その後もプレーオフ経由の昇格チームが苦戦するケースが多かったため、Ｊリーグのほうでも「制度を見直したほうがいいのではないか」ということになり、２０１８年からは「Ｊ１参入プレーオフ」と名前を変えて、優勝チームはＪ１の16位チームと入れ替え戦を行うようにレギュレーションが変更された。Ｊ２チームにとっては昇格へのハードルが上がったかたちだ。レギュレーション見直し後、２０１８年の入れ替え戦では東京ヴェルディがジュビロ磐田に地力の差を見せつけられ、２０１９年は徳島ヴォルティスが善戦しながら湘南ベルマーレの壁を破れずに、２年連続でＪ１チームがカテゴリーを死守している。Ｊ２の３位以下とＪ１の16位以上の間にはかくも超えられない壁があるのかと、残酷にして切ない現実を突きつけられたような２試合だった。

２０１９年、リーグ最少の人件費でＪ１での戦いに臨むトリニータは、Ｊ２以下のカテゴリーで地道に実績を積んできた選手たちを集めた。一部のＪリーグファンたちから「Ｊ２オールスターズ」と呼ばれるほど、Ｊ２では存在感を放ったプレーヤーが顔を揃えたが、Ｊ１で満足にプレーした経験のある選手は少ない。そんなチームが、Ｊ１でどれだけ通用するか。過去の他クラブの実績からしても、残留は難しいのではないか。それが大方の予想だった。

だが「Ｊ２オールスターズ」はそんな見立てを鮮やかに裏切り、昇格1年目にして9位フィニッシュという戦績を残す。それはチームを構成するひとりひとりの価値を高めると同時に、プレーヤーの評価軸をあらためて問い直すエポックメイキングな事件だった。

その〝首謀者〟として指揮官は、２０１９年シーズンのＪ１優秀監督に選出された。前年のＪ２優秀監督賞に続き、２年連続の受賞だ。

「リーグ最少予算でありながらこの好成績！　快挙を成し遂げた秘訣は何ですか？」

同様の質問が、男に幾度向けられたことだろう。だが、蝶ネクタイ姿でスポットライトを浴びながら、彼は一貫して謙虚だった。

「J1には経験も実績もあるたくさんの監督さんがいる中で、わたしなんかが賞をいただいていいのか……。この賞はわたしだけでなく、クラブ、チームスタッフ、みんなのおかげでいただいた賞だと思います。わたしが大分を代表して、いただきに来た思いです」

それでも、自ら築き上げたサッカーが高く評価されたことに、大きな手応えを感じている様子も見て取れた。それは間違いなく、トリニータが成した快挙の最大の秘訣だったはずだ。ひとりひとりでは決して突出した戦力とは言えずとも賢く献身的なプレーヤーたちを束ね、組織の力で、群雄割拠するビッグクラブに立ち向かって勝点を積み上げる。男が2016年に初めて監督として自分のチームを持ったその日からコツコツと絶え間なく育んできたスタイルが、J3優勝、J1昇格、そしてJ1での躍動という右肩上がりの成果をもたらしたのだ。

かくして、就任当初から名将の予感を漂わせていた指揮官・片野坂知宏はさらなる熱視線を注がれ、彼がピッチに描き出す独特のサッカースタイルは、いつしかその名にちなんで「カタノサッカー」と呼ばれるようになった。そうやって愛称を賜るほどに、それは特異な輝きを放っている。

足でボールを操り、相手ゴールに入れる回数を競うゲーム。そのテクニックの難易度に加え、競技が成熟していく歴史的過程において、そこには組織的に戦術を遂行していく難しさが、幾重にも上乗せされてきた。そしてそれが、プレーヤーにとっても観客にとっても、サッカーの面白さを増幅していく。まさにいま、カタノサッカーも、その戦術史に刻まれようとしているのだ。

第１章

戦術は緻密にして柔軟であるべし

◆◆◆まずは全体像を把握する◆◆◆

カタノサッカーとは何であるのか。

説明しようとすればいくつもの側面があり、どこから斬り込めばいいのかと少し悩む。

2016年、片野坂監督誕生当初に萌芽して以来、その継続の中で、カタノサッカーは外観的にも概念の上でも、いくつかの軸にそって多様な変化を遂げてきた。その複雑な絡み合いを内包しつつ、それでいて「これがカタノサッカーだ！」とばかりに全体の輪郭が保たれている。簡単に言えば、ブレていない。

シーズンが移って選手が入れ替わり、カテゴリーが上がれば、自ずと戦い方は変わる。それぞれのシーズン中に、そのときどきの状況によって戦術の変更を強いられたこともあった。それにともなってピッチで起きる現象もさまざまに変貌したし、試合ごとの戦術は時を追うにつれ細やかになった。

それでいて選手たちは口々に「カタさんはブレない」と言う。変化してもブレないものこそが、それをそれたらしめるアイデンティティーと言える。

カタノサッカーの大前提として一貫して変わらなかったのは、まず、組織的であることだ。

基本的に個での打開に頼ることは少なく、複数人が関わりながら細やかにボールを運んで攻める。そのプロセスは相手との駆け引きの中で行われ、ボールを保持して動かすことで相手の守備状態を変化させて隙を生み出し、そこを突く繰り返しで前進していく。前進するために敢えて後退することも多く、その歩みは実に辛抱強い。……と思いきや、ビッグチャンスの伏線がいつの間にか用意されていて、ひとつのパスから一気に相手ゴールに迫ることもある。

局面ごとに、多くの場合において、数的優位がカギとなった。ボールを出す役、受ける役、相手プレーヤーを動かす役。そういった割り振りは相手の反応によって、複数の選択肢の中で目まぐるしく変化する。ひとつボールが動くたびに立ち位置も役割も変化して、局面は刻々と移り変わっていく。

この流れを実践するためには、ボールを保持して主導権を握らなくてはならない。必然的に、攻撃の時間帯は長く、ポゼッション率も高い、ということになる。だが、それは攻撃志向の強いパスサッカーを標榜するほとんどのチームに共通して言えることだ。

カタノサッカーが他と大きく異なっているのは、その様相が歪なことだった。データを見れば、その歪さはたちまち明らかになる。なお、ここでのデータはカタノサッカーが初めてJ1に挑んだ2019年の『エル・ゴラッソ　イヤーブック』（スクワッド社刊）を参考にした。

まず、シュートに至るまでの時間がリーグ最長であることから、じっくりとボールを握りながら攻める姿が浮かび上がってくる。ただし、敵陣におけるポゼッション率はリーグ8位と、それほど高いわけではない。一方で、自陣ではリーグ最高のポゼッション率が計上された。それを裏付けるように、最終ラインとゴールキーパー間でのパス交換が多い。リーグ戦フル出場を果たした正守護神・高木駿は、チーム内パス数

3位に名を連ねる。

この自陣でのポゼッションが、カタノサッカーの最たる特徴だ。丁寧なビルドアップはゴールキーパーと最終ラインからスタートし、まずは角度をつけて立ち位置を取ったセンターバックとの間で、ゆっくりとボールをやりとりする。ときにはボランチが下りてきて縦パスを受けるが、それで即座に前を向くでもなく、再びゴールキーパーにまで戻したりする。

その様子を窺っていた相手フォワードは、延々と続くボール回しのミスを狙って、あるいは展開のないことに焦れて、自ら奪いに突進してくる。そういう相手の動きが、カタノサッカーにおける理想的な攻撃のスイッチだ。足元を目掛けて勢いよく迫ってきた相手をギリギリでかわし、その背後へとボールを出す。そこにするりと入り込んだ味方が受けると、また新たなボールホルダーに向かって相手がプレッシャーを掛けにくる。そうするとその相手の背後にはまたスペースが生まれているので、そこを使ってさらにボールを運び、徐々に前進していく。

もちろん、すべてがトントン拍子に進むわけではない。パスコースを封じられ、前進を阻まれることもある。そうなったときにはバックパスでの後退も厭わない。ときにボールはゴールキーパーの元まで戻され、ビルドアップはもう一度、最初からやり直される。

そうやって根気強くボールを動かしているうちに、相手の守備体系に一瞬のほころびが生まれる。動くボールに誘われてじりじりと前がかりになり、相手が背後への意識を疎かにした瞬間、自陣で回されていたボールは長いフィードによって一気に最前線へ。そこでは相手の最終ラインと駆け引きしていたセンターフォワードが絶妙なタイミングで抜け出そうとしていて、ボールを収めると迷いなくゴールを目指す。不意を突かれた相手は慌てて背後のケアに戻るが、前を向いたフォワードはそれより早く相手守護神との1対1の状況を制し、あるいは追いついてきた味方へと横パスを送って、まんまとゴールをものにしてしまうのだ。

サイドにチャンスを見出せば、サイドから攻める。ゆらゆらとパス交換していたところから中盤にクサビが入り、受け手はターンして左右に大きく展開。サイドの選手は相手の背後へ抜けて受けたり、ドリブルで仕掛けたり、中の選手と連係したりしながら起点となってゴール前へとクロスを送る。大抵はニア狙いで、そこに飛び込んできた味方が流し込むか、その後ろに走りこんできた誰かが押し込むか、逆サイドの選手が合わせるか。最後は多彩なパターンで得点を狙う。

カタノサッカーのこういった攻撃は「擬似カウンター」と呼ばれた。カウンターとはもともと、攻めてきた相手のボールを奪った直後、相手が守備の態勢を整える前に、その背後を突いて攻め返すことを言う。カタノサッカーは自分たちがボールを保持しながら、相手の守備の態勢を乱すことによってカウンターと似た状況を作り出し、攻撃のスイッチを入れるのだ。

相手の堅守を力技でこじ開けてゴールを奪えるスーパーストライカーのいないトリニータにとって、この戦術はそういう意味でも理に適っていた。丁寧に根気強く構築する決定機の数は決して多くはないが、狙いがハマったあかつきには、ゴール前で絶対的に有利な状況を生み出せている。

「こちらが主導権を握って試合を進めたい」

それも片野坂の一貫した目標だった。主導権を握るということは、単にポゼッション率を高めるという意味ではない。こちらの意図どおりに試合を運ぶと言い換えればいいだろうか。片野坂はこう表現する。

「ボールを持つといってもただ回すだけではなく、ゴールに向かって進まないといけません。いちばん手っ取り早いのはパス1本でゴールに直結することで、そういうチャンスがあれば狙ってほしいと思います。あくまでも、つなぐことが第一にならないように。まずは優先順位として、危険なところを狙う、ゴールに結びつける。そういうところの判断と質を求めていきたい」

現代サッカーのスタイルは一言で定義するのは難しく、複数の軸によって複雑に性格づけられる。その理論を完全に理解しようとすれば難解極まりない。だが、そういう部分はわからずに見ていても、真骨頂を発揮しているときのカタノサッカーは、痛快なまでの面白さを醸し出す。

◆◆◆ 由来成分はリスク混じり ◆◆◆

カタノサッカーの基本フォーメーションは３－４－２－１だ。これは片野坂がサンフレッチェ広島のコーチ時代に学んだ、名将・ミハイロ・ペトロヴィッチのスタイルに由来する。

片野坂はしばしば、自身のサッカー観が一変したきっかけとしてペトロヴィッチ監督との出会いを挙げてきた。トップチームのコーチングスタッフとして、ガンバ大阪とサンフレッチェで西野朗、長谷川健太、森保一とそうそうたる指揮官の仕事を支えながらそれぞれから学ぶものがあり、それが現在の自分をかたちづくっていると語るが、中でもペトロヴィッチ監督がサンフレッチェで築いたスタイルについては「攻撃のアイデアに満ちあふれていて、プレーヤーも観客も楽しいサッカーだと衝撃を受けた」という。

指揮官の愛称にちなんで「ミシャ式」と呼ばれるペトロヴィッチ監督のスタイルも、非常に独特だ。3―4―2―1のフォーメーションをベースとした可変システムが最大の特徴で、攻撃時はダブルボランチの一枚が最終ラインに下りて4―1―4―1の形となり、守備時には両ウイングバックが下がって5―4―1のブロックを構える。攻撃のスタートはやはりゴールキーパーが加わるビルドアップで、シャドーに縦パスが入ったときがスイッチとなり、1トップ2シャドーの3枚の前線が複雑に絡みながらゴールを陥れに行く。攻撃にも守備にも明確な型があり、整理されてシステマティックだった。Jリーグには、このミシャ式に影響を受けた指揮官が数多くいる。

だから2016年、片野坂が大分トリニータで初めて監督に就任した当初は、いよいよペトロヴィッチ監督直伝のミシャ式が、ついにJ3で見られることになるのかと期待が高まった。サンフレッチェでミシャ式を経験したベテランミッドフィルダー・山岸智を片野坂の監督就任と同時に獲得したのも、新しい戦術をスムーズに浸透させるためであろうと推測された。

だが、片野坂が最初に採用したフォーメーションは4―4―2で、周囲は若干、拍子抜けした。

「トリニータの伝統や、これまでの流れがありますから」

4―4―2を選んだ理由を、片野坂はそう説明した。選手たちの慣れ具合を考慮して2015年のフォーメーションを継続したと言う。確かに、初めて正式にテクニカルエリアに立つ新人指揮官がこれまた初めてのJ3というカテゴリーで初めて出会う選手たちを率いて戦うにあたっては、最もオーソドックスな形で入ったほうが、あらゆる面で負荷が少ないのかもしれなかった。

とは言っても、ミシャ式の要素は最初から導入された。フォーメーションは異なったが、ゴールキーパーからボールをつないで相手を引き込む攻撃方法を、チームに浸透させようとする。それはむしろミシャ式の最もミシャ式たるコンセプトに関わる部分だった。

ただ、その作業は容易ではなかった。ボールを受けようとするときに自分に向かって突っ込んでくる相手を気にかけながら足元を正確にコントロールし、味方の位置や状況を確かめてパスを出すのは難しい。なにしろ自陣でのビルドアップだ。ミスしてボールを奪われれば、たちまち失点につながってしまう。ボールを扱う技術と、相手にビビらない胆力と、観察眼と状況把握力と、組織としての連係と。ひとつの局面において、さまざまな力が高い強度で問われる戦術だった。

案の定、最初のうちは目を覆いたくなるようなシーンが相次いだ。寄せてきた相手を気にしてトラップを誤り、慌てて味方へとボールを出すものの、受け手のほうも準備が出来ておらずあたふたする。受け取ったはいいが次に出すところを探しているうちに、相手に囲まれ詰まってしまい、苦し紛れに蹴って逃げる繰り返し。それはまるで導火線に火のついた爆弾を早く手放したくてじたばたしているようにも見え、スタンドからは悲鳴と怒号と野次と失笑が入り混じって湧き起こる。幾度となく相手に奪われてシュートにまで持ち込まれ、運良く精度不足で失点こそ免れてはいたが、どう贔屓目に見ても上手く行っているとは言い難かった。

それでも、片野坂は迷いなく選手たちに訴え続けた。

「これでボールを奪われて失点したら、僕が責任を取る。だからミスを恐れずにやってほしい。練習しないと上手くならないし、チャレンジの過程での失点は勉強代だと思っている」

大抵の選手たちは子供の頃から、危なくなったらクリアしようと教え込まれている。それを、ギリギリまで相手を引きつけ、出来るかぎり相手を前がかりにさせようというのだ。それはリスクを増す行為に他ならない。ただ、リスクを負えば負ったぶんだけ、その先には有利な展開が待っている、というのが片野坂の目指す境地だった。選手たちは指揮官を信じ、腹をくくった。

自陣でのボール回しがそれなりに形になり試合の中で効果的に機能するようになりはじめるまでには、相応の時間がかかった。日々のトレーニングではひたすらポゼッションメニューが繰り返される。日ごとに少しずつルールに変化を設けながら、ボール回しやサイドチェンジの質を高めることを目指した。

「幅を見て！　奥行き見て！」

グリッドの脇に立つ片野坂も休まずに声をかけ続ける。パス回しのテンポが上がったり選手間の距離が近くなったりすればするほど視野は狭まり、求められる思考や反応のスピードも上がった。数的優位を作ろうと頑張るあまりに視線を上げる余裕を失い、逆サイドで大きく両手を上げている味方の姿が見えない。パスコースを増やそうと動き、味方と重なる。上手く顔は出せたが、トラップの瞬間を狙われてロストする……。

この過程をたどることで、日々地道に積み重ねることが有効であると、選手たち自身が最も強く実感したはずだ。徐々に手応えを感じる言葉が聞こえはじめるのと比例して、チーム戦術はチーム戦術らしくピッチ上に描き出されるようになっていった。

興味深かったのは、選手たちの動きが急激にこなれたタイミングだ。リーグ戦の中断期間に行われた天皇杯の大分県予選決勝・日本文理大戦と1回戦のMD長崎戦で、片野坂は3バックシステムを採用した。実戦で3バックシステムを試したのは直前のトレーニングマッチが初めてで、内容的にはシステムの利点を生かせたとは全く言えない試合になったが、その次にシステムを4―4―2に戻して臨んだ天皇杯2回戦・ヴァンフォーレ甲府戦では、選手たちの動きが見違えるほどスムーズになっていた。

特にボランチの松本昌也はこれまでより大幅にフレキシブルなポジショニングを取っており、それについて試合後にこう証言した。

「一度3バックをやったことで、システムに関する考え方の枠が外れたんだと思います。状況によって自分たちが立ち位置を変えられるように徐々になってきて、相手の嫌がるところに入れるようになった。今後も、相手の状態によって自分たちでフォーメーションをどんどん変えてもいいかと思います」

ミシャ式を踏襲した可変システムを経験したことで、選手たちの思考の殻が破れたらしかった。スタートのフォーメーションが4―4―2であっても、ダブルボランチと2トップが縦関係になって4―1―4―1状態を作り出せばミシャ式そのものになる。たとえばそういった発想とポジショニングが柔軟に出来るようになりはじめた9月、チームは殺伐としたJ2昇格争いの最中にも、着実に成長を遂げつつあった。

◆◆◆ 戦術は被せあいつつ育つもの ◆◆◆

監督キャリア1年目の2016年にJ3優勝を果たすと、J2に復帰した翌シーズン、片野坂は基本フォーメーションを3―4―2―1に定めた。
「J3に比べると相手の攻撃力の高いJ2では、こちらのシステムのほうが守備が堅くなるので」

指揮官はそういう意図も明かしたが、周囲は「今度こそ大分トリニータで本格的なミシャ式が見られる!」と期待を膨らませた。

シーズン序盤、チームの戦い方はまさにミシャ式をなぞっていた。攻撃になるとボランチの片方が最終ラインに下り、陣形は4―1―4―1になる。守備時には5―4―1で自陣を固める可変システム。縦パスがシャドーに入ったのを合図に1トップ2シャドーが入り乱れながら攻略するところも、ミシャ式と同様だった。

だが、ほどなく片野坂は、そこに独自のアレンジを施しはじめる。

最初に顕著になったのは守備のやり方だった。

「いまいる選手たちの特徴を考えると、前から奪いに行く守備のほうが合っているので」

片野坂はそう言って、ミシャ式のように整然と5バックで構えるばかりでなく、ウイングバックや最終ラインの一枚がスライドして4枚のブロックを敷く形も取るようにした。相手のフォーメーションによっては必ずしも5枚で守る必要はない。守備の人員をダブつかせることなく、相手の状況次第で守備陣形を変化させる。「同数なら守れる」というのが片野坂の考えでもあった。

攻撃のほうにもフレキシブルさが加わった。これも相手のフォーメーションによって、またプレッシャーのかけられ方によって、最後尾でボールを回すときの立ち位置や、そこに関わる人数を変えていく。攻撃でも守備でも、出来るだけ重心を下げることなく、そのときどきで最も効率的にゴールに迫ることの出来る態勢を取れるようにしたのだった。

リーグ戦を戦う中で少しずつオリジナリティーの度合いを高めながらチーム戦術が浸透してくると、次第に「トリニータは面白いサッカーをしている」と対戦相手たちに注目されるようになる。そうなると当然、敵将たちはそれを封じにかかってきた。

「J2は世界的に見ても最も難しいリーグのひとつ」

そう評したのは誰だったか。J1昇格とJ3降格の間で22チームがしのぎを削り、上位も下位も毎年のように大混戦。そんな殺伐とした世界では、自ずと指揮官たちもリアリストになりがちだ。事前のスカウティングに基づき対戦相手のストロングポイントを抑えるところからスタートするような試合が多く、海千山千の多士済々が、人生を懸けて哲学をぶつけ合っていた。大抵のクラブはJ1級の強力なプレーヤーを抱えることが出来ないので、カタノサッカー同様、指揮官が知恵を巡らせ工夫を凝らして組織で戦っている。そんなふうにただでさえ曲者揃いなところに、片野坂が初めてJ2に挑んだ2017年シーズンは、初来日した外国籍監督が3人も加わった。のちに指折りの天敵となる東京ヴェルディのミゲル・アンヘル・ロティーナと徳島ヴォルティスのリカルド・ロドリゲスがスペインから、ジェフユナイテッド千葉のファン・エスナイデルがアルゼンチンから。文化の浸透した強豪国からやってきた彼らが日本でどういうサッカーを展開するのか。そんな不気味さも含め、片野坂にとって初めてのJ2は、開幕前から凄絶必至の様相を呈していた。

バラエティー豊かな敵将たちがあの手この手で封じにくるので、カタノサッカーをカタノサッカーたらしめるビルドアップは頻繁に行き詰まった。そしてそのたびに、次の一手を考案しては進化した。ボールの動かし方を読まれれば、新たなパターンを加える。スイッチとなる縦パスを狙われたなら、そのプレッシャーを回避する動きを取り入れる。

擬似カウンターを発動させるための相手の引き込み方も、徐々にバリエーションを増やした。相手の陣形や出場選手の特徴によって、またこちらがピッチに送り出す選手によっても、そのありようは多彩になった。

ひとつ積み上げれば相手がその上から被せてくる。さらにそれを上回るためにもう一段階、積み重ねる。そんなふうにして、いくつかのマイルストーン的な試合も経験しながら、カタノサッカーは一戦ごとに、毛細血管が増えるように生い育っていった。

◆◆◆強くなる術は敗北にヒントあり◆◆◆

そのいたちごっこにドラスティックな変化がもたらされたのは、Ｊ２での２年目、

2018年のことだった。カタノサッカーはそのシーズン、それまでに培ってきた「型」を捨てたのだ。その決断理由を、指揮官は後にこう語った。

「簡単に言うと、やはり型があると相手から分析されやすくなるということです。『自分たちのサッカー』という部分の中で相手を上回ればいいんですけど、相手に分析されて対策を練られたら何も出来なくなるというのは、よくない。なので、ある程度のゲームモデルというか戦い方を、ちゃんと提示しながら、型にはハマらず戦うようにしました」

チームを外側から見ているかぎり、一大レボリューションの大きなきっかけは、初夏あたりを端緒とする苦しい時期だったように思われる。少しずつ軋みを感じながらもそれまでに培った枠組みに沿ってブラッシュアップを図ってきたが、勝ちきれない試合が続いたことで、一気に変革へと傾いた印象だ。

それはショッキングな一戦からはじまった。

9勝4分2敗と好調のトリニータが首位で迎えた第16節は、アウェイでのヴァンフォーレ甲府戦。指揮官交代後5戦目のヴァンフォーレは初陣で引き分けた後3連勝中で、その勢いを体現するように、立ち上がりから人数をかけた激しいハイプレスで襲いかかってきた。いつものように最後尾から丁寧にビルドアップしようとしたトリニータは、不意を突かれてその餌食になる。

まず開始早々の3分、そして4分。立て続けにバックパスの隙を狙われていきなり2失点を喫した。チームは動揺を立て直そうとすぐさま円陣を組んだが、6分には気圧されたように相手のドリブル突破を許し、またも失点。15分には相手陣まで運んだものの、浮き球のパスを相手センターバックにインターセプトされ、そのまま持ち上がられて4失点目の流れに。

「何なんだこれは……」

さすがの片野坂もテクニカルエリアで呆然と立ち尽くした。目の前で起きていることが悪夢にしか思えない。修正の指示を出す間もなく15分で4失点。さらに27分には相手センターバックの攻め上がりから守備を崩され、パスワークに振り回されて無様な5失点目を食らった。あまりの展開に選手たちも平常心を失っている。攻撃ではプレースピードが遅く、判断も遅い上に悪くなり、守備では腰が引けて球際へ寄せられず後手に回っている。最早ここまで来ると相手のせいではなく、完全な自滅だった。かろうじて38分に1点を返したが、すでに点差は現実的に追いつけるレベルではない。後半は選手交代と相手の運動量低下もあってボール保持は出来るようになったが、今度は自陣を固める相手をこじ開けるのに苦労し、試合は結局2―6で終幕を迎えた。

なんとか立て直して第17節のロアッソ熊本戦には勝利したものの、早急になんらかの手立てを講じなくてはならない。片野坂は異なるタイプのプレーヤーを起用することで変化をもたらそうとしたが、それにも限界が見えはじめていた。第21節の徳島ヴォルティス戦で退場者を出して0―3で敗れると、第22節はホームでのヴァンフォーレ戦。先発メンバーも変えて6節ぶりのリベンジを期したが、0トップ気味のシステムで臨んだヴァンフォーレに中盤で数的優位を作られ、またも2―4と敗戦を喫した。第23節の大宮アルディージャ戦では、相性がいいはずの4―4―2の相手に0―1で負け、片野坂体制初の3連敗となる。アルディージャは激しいプレッシャーでトリニータのビルドアップを阻みつつサイドを封じてボールを中へと出させ、そこを奪いどころに定めてきた。完全に戦術の特性を逆手に取られている。いずれも試合途中で修正して攻撃の形は作れるようになるのだが、ビルドアップの段階でじっくりと伏線を描くまでには至らないので、ゴール前で十分に有利な状況を作れず、フィニッシュを仕留めきれずに負けてしまう。

「ジャブが効いてきた中でストレートが空振りに終わった」

試合後にそう悔しがった片野坂の表現にはなるほどと膝を打ったが、そんなところで感心している場合ではない。何かを根本的に変えなくてはならない時が来ていた。

スタート以来、一戦ごとに細やかに進化し続けてきたカタノサッカーだったが、ここで踏み切った変革は大いなるパラダイムシフトだった。フォーメーションやチームコンセプトはそのままながら、ポジショナルプレーの色合いを濃くすることで、カタノサッカーは概念レベルから別のものになる。それはスタイルの源流であるミシャ式からの離脱でもあった。

相手がこう来たらこうする、こう来たらこうする、といった原則的な規律をチームやグループで共有し、臨機応変に対応していく。「最終的にはこちらが何をするか相手にはわからないというのが目指すところです」と指揮官は言った。

カタノサッカーが型を脱ぎ捨てたことを象徴的に表していたのが、ボランチの人選だ。

2016年は千明聖典、2017年は鈴木惇、2018年は宮阪政樹といった具合に、それまでの片野坂はダブルボランチの一枚に、中盤の底から大きく左右に展開したり前線にフィードを送ったりするキック力の高いタイプを好んで配置していた。千明のいた2016年は4バックだったが、2017年にシステム自体もミシャ式を踏襲するようになってからは、ビルドアップ時に4－1－4－1になる際に、鈴木や宮阪を最終ラインに落とし、センターバックの間から精度の高いフィードを繰り出したり、サイドチェンジ一発で局面を変化させたりしていた。

だが、ビルドアップの際のボールの動かし方は、やがて相手に研究され読まれるようになる。動かしのパターンを増やしたところで、型がある以上、見切られないようにするには限界があった。

第16節のヴァンフォーレ戦で大敗して以後、片野坂は対戦相手によってダブルボランチの組み合わせにバリエーションを持たせるようになった。クセは強いが足元のテクニックに長け、ボールを保持しながら運んでいける川西翔太。豊富な運動量で献身的にボールを狩り、攻撃になれば前線へと飛び出していける姫野宥弥。もともとの本職はアタッカーながら卓抜したバランス感覚で賢く立ち回る小手川宏基。そして、第25節の愛媛FC戦以降、スターティングメンバーに定着したのが、対人守備に強く運動量もある前田凌佑だった。6試合ぶりに白星を挙げた第26節のFC岐阜戦からは、丸谷拓也をアンカー、その前に前田と小手川を並べた3―5―2が定着。3人とも派手さはないがポジショニングに関する意識が高く、周囲に連動してバランスを取りながら臨機応変に対応するのが得意なタイプだ。ブロックを構えた相手に対しても、前田と小手川が間隙を突きながらサイドと連係して崩す。その戦術変更はいきなり奏功し、アルビレックス新潟とファジアーノ岡山を下し3連勝となった。そこからシーズン終盤にかけては、チーム状況と対相手戦術を考慮しながら3―4―2―1と3―5―2の二つのシステムを使い分け、選手起用もそれまで以上に対相手の視点から質的優位を重視したチョイスへと変わっていった。

サッカーを変えるためにメンバーを変えたのか、メンバーが変わったからサッカーが変わったのか。考えれば鶏が先か卵が先か状態だが、それについては「どちらもあったと思う」と、指揮官とともにカタノサッカーを築き上げてきたコーチ陣は口を揃える。

自身のサッカースタイルを築くにあたっても、片野坂は決して、独断では動かなかった。

「どういう目的、どういう意図があってこういう狙いをしていこうということを、選手ともコミュニケーションを取っていかなくてはならないし、選手がそれを理解してプレーしなければ決して上手くいかない。だから僕だけの考えじゃなく、そこは選手と狙いや意図を合わせていけるように。つねに対戦相手がいる中で、対戦相手に勝つ確率を上げるために、型にハマらずに『この対戦相手だったらこういうフィニッシュにしようね』という話をしながらやってきました」

膠着した意味での「自分たちのサッカー」ではなく、相手ありきの状態を内包した上でのアイデンティティー確立。強くなるための、それは必然の変化だった。

◆◆◆強気なバランスの整え方◆◆◆

その変革が結実し、大分トリニータは２０１８年Ｊ2を2位でフィニッシュしてＪ1自動昇格を成し遂げる。

戦績は23勝7分12敗の勝点76。特筆すべきはリーグ最多の76得点をマークしたことだ。一試合における得点機は決して多くないが、高い決定率で圧巻のゴール数を叩き出した。

ゴールを挙げたメンバーが多岐にわたるのも特徴的だった。馬場賢治と藤本憲明がそれぞれ12得点、三平和司と後藤優介が各10得点と、二桁得点者が4名。さらにウイングバックやシャドーの選手が複数得点を挙げており、カタノサッカーがいかに組織的であるかを裏付けた。

前田凌佑が主力に食い込んできたのと時を同じくして右センターバックで岩田智

輝が頭角を現したことも、このシーズンの大きな収穫のひとつだった。2017年シーズンの3バックは右から鈴木義宜、竹内彬、福森直也の並びで安定していたが、2018年開幕からは鈴木と竹内が入れ替わる。以降、岩田が台頭してくるまで「3バックの右」は試行錯誤の途をたどった。攻撃センスを評価されて第4節から起用された刀根亮輔は順調に出場を重ねていたが、7月に全治8ヶ月の大怪我で離脱。ちょうど左センターバックの福森も負傷中で、その時期は最終ラインの台所事情が厳しいことになった。丸谷拓也、ファン・ソンス、岸田翔平と、本職でない選手たちが急場しのぎにその穴を埋めたが、いずれもレギュラーに定めるには決め手に欠ける。そんなところから、21歳の岩田が急成長をアピールした。

身体能力が高く性格的にも思い切りのいい岩田は、最終ラインからの攻撃参加をストロングポイントとしたいカタノサッカーには打ってつけの素材だった。5レーン理論もよく理解し、戦術理解度とスピードで不動の右ウイングバックとなっている松本怜と見事な縦関係を築いて、シーズン終盤には「トリニータは右サイドの攻撃がストロングポイント」と言われるまでになった。松本と岩田が右で組み立ててクロスを送り、ニアでフォワードが潰れながら逆サイドから左ウイングバックの星雄次が飛び込んでフィニッシュ、というパターンも幾度となく披露した形だ。

高い得点力を誇る一方で、失点数は課題だった。9位でシーズンを終えた2017年が58得点50失点、2位フィニッシュの2018年が76得点51失点。特にヴァンフォーレ甲府や町田ゼルビアのように戦術的相性の悪い相手に大量得点を献上したこともあるだろうが、被カウンターからの失点の多さを考えると、やはり攻撃志向の強さから攻守の良好なバランスを欠いていたと言わざるを得ない。

ただ、だからと言って軸足を守備に寄せようという指揮官ではなかった。

「出来るだけ自分たちがボールを握る時間を増やし、相手に攻撃権を与えないようにしたい」

2018年秋頃から、片野坂はしばしばそう口にするようになった。J2の中にも、外国籍選手を含めハイポテンシャルな攻撃陣を擁するチームは多い。そういう相手にストロングポイントを発揮させないために、自分たちのポゼッション率を高めることを目指す考えだった。

2019年シーズンにJ1に昇格すると、その傾向はさらに強まった。さらに守備のやり方もJ2時代よりリトリート気味にし、最前線の選手の守備のタスクも増やしたことで、攻守のバランスは改善される。J2時代には「J2でこれだけ失点していたらJ1ではどうなってしまうのだろう」と懸念していたが、初めてJ1で戦ったシーズンは35得点35失点と見事に得失点差ゼロで、得点が減ったぶん、一試合あたりの失点数も減っていた。特にシーズン序盤は、相手が初めて対戦するカタノサッカーに面食らい、擬似カウンターに面白いように食いついてくれたおかげもあって勝点を伸ばす。開幕の鹿島アントラーズ戦に2―1で勝利したことで勢いがつき、第3節にはジュビロ磐田、第4節には横浜F・マリノス、第6節には北海道コンサドーレ札幌、第7節にはベガルタ仙台と、そうそうたるJ1のチームを次々に撃破すると、第7節終了時点には3位にまで浮上した。

◆◆◆リスペクトは勝利の大前提◆◆◆

トリニータがスタートダッシュに成功できたのは、その独特なスタイルへの免疫が対戦相手にはなく、またそのスタイルを体現するプレーヤーの多くに関して知識を持たなかった一方で、トリニータの側では対相手戦術が的確だったからだ。

ポジショナルにプレーを展開し続けていくカタノサッカーは、もとより対相手という概念を内包している。主導権を握ってアグレッシブに戦うこと、90分間にわたり集中を切らさず緻密に試合を運ぶこと、そういったゲームモデルを前提に、試合前にスカウティングに基づく対相手戦術を落とし込み、それに沿って試合を組み立てていくため、戦い方も当然、試合ごとに異なる。それは悪い意味での「自分たちのサッカー」からの脱却を意味していた。最大限の相手へのリスペクトから自ずと生まれてくる姿勢でもある。

2019年J1のシーズン序盤は、それが面白いようにハマった。第3節のジュビロ磐田戦では、ペップ・グアルディオラがマンチェスター・シティで浸透させたように攻撃時にサイドバックがボランチ的な位置へと入ってくることを踏まえ、ボールを奪うと即座に相手サイドバックの空けたスペースを突いた。13分、ボランチからの縦パスをシャドーがそのスペースで受け、ダイレクトに送ったクロスをセンターフォワードがワンタッチでシュートして、狙いどおりの形から見事に先制点を奪う。

やはりマンチェスター・シティの戦術を踏襲している横浜F・マリノスと戦った第4節は、さらに面白かった。その4―3―3システムの中盤3枚と枚数を合わせるように、トリニータは3―5―2でスタート。トリプルボランチの両脇はサイドのプレーヤーと連係して、中に入ってくる相手サイドバックのケアも務めた。中盤のマッチアップはボール奪取に長けた喜田拓也対前田凌佑、豊かなイマジネーションで決定機を演出する三好康児対小塚和季、テクニシャンの天野純対ティティパンという図式で、ティティパンは左サイドバックに入ったタイ代表仲間のティーラトンとも対峙することになる。互いに特長を出して攻め合った試合は、決定機を2度仕留めたトリニータに軍配が上がった。

第6節の北海道コンサドーレ札幌戦は、片野坂とミハイロ・ペトロヴィッチとの師弟対決が最大の見どころだった。知り尽くしているはずのミシャ式も、浦和レッズからコンサドーレへと率いるチームを移しながら少しずつ変化しているが、キックオフ直後を狙った片野坂の作戦はその目論見どおり、2分で先制点へと結実した。サイドの攻防が鍵を握る3―4―2―1同士のミラーゲームにおいて、突くべきところは試合開始と同時に激しくプレッシャーをかけてくる相手ウイングバックの背後、相手3バックの脇だ。トリニータのウイングバックは敢えて相手ウイングバックを引き込むように駆け引きし、その背後で攻撃陣が起点を作った。2点目はウイングバックが自ら相手の背後を取り、マイナスのクロスをクリアしようとした相手のオウンゴールを誘う。

こちらがリードするとどの試合も相手の猛追に遭った。もとより外国籍選手をはじめ個々の力量の高いプレーヤーが並ぶJ1だ。ベンチに控えていた豪華なスーパーサブも投入され、後半はしばしば、一方的に押し込まれる展開となった。J2時代まではそのタイミングで最前線にフィジカルとスピードに長けた伊佐耕平を投入し、カウンターでラインを上げることが出来ていたのだが、その伊佐は3月に左膝軟骨を損傷して長期離脱している。そういうわけで、ほぼ全員が自陣で体を張って耐えることになった。押し返す力は物足りなかったが、ディフェンスリーダーの鈴木義宜と守護神・高木駿を中心とした守備は粘り強く、激しいシュートブロックやビッグセーブも連発して、チームは勝点を積み上げていった。

ただ、その状態が長く続けられるわけもない。大事なのはその先だった。特殊な特徴を持つカタノサッカーに対して相手が無垢であるうちは、相手にとってはそのすべてが奇襲だが、戦術はやがて研究され対策される。特にその特徴が明確なだけに、ライバルたちは手を替え品を替えてカタノサッカーを封じてきた。ともにJ2から昇格してきた松本山雅と戦った第2節が、まさにそれを裏付ける。J2時代に進化を遂げたカタノサッカーを知り尽くす知将・反町康治は、完璧なまでに抑えるべきところを抑え、トリニータに何もさせてくれなかったのだ。まだ克服できていない課題があることを、白日の下に晒されたような気分だった。

J1常連勢の中で最初に明らかな対策を施してきたのは、第8節に対戦したガンバ大阪だ。宮本恒靖監督はいつもの4バックシステムではなく3―4―2―1のミラーゲームでスタートする。前半は守備の枚数を合わせて手堅く乗り切りながら、後半から4バックに戻して本来のアグレッシブさを一挙に解き放ち、トリニータを力でねじ伏せるプランだった。結果的に前半のうちにトリニータが少しラッキーな形で先制したため敵将のプランは崩れ、試合は1―1のドローとなったが、試合後に片野坂は苦笑いした。

「うちもこうやって対策を練られるということは、だいぶリスペクトされてきたかな。そういううれしい部分もありつつ、でも、これからは苦労することになるだろうな……」

そんな指揮官の懸念どおり、カタノサッカー対策はJ1でも広く講じられ、シーズン終盤には特に苦しい展開が続く。4人の二桁得点者を出した2018年とは打って変わって、2019年は得点の大半が藤本憲明とオナイウ阿道の2人によるものとなり、その藤本が8月にヴィッセル神戸から引き抜かれたため、その後は得点力不足にも悩まされた。

片野坂体制になってからは毎年、最終節に向けて右肩上がりに調子を上げてきたが、2019年はそれが出来なかった。序盤の貯金に助けられて第30節終了時点でJ1残留を決め、一桁順位という目標もギリギリの9位で達成できたものの、シーズン前半が8勝5分4敗の勝点29、折り返し後が4勝6分7敗の勝点18という落差は放置してはおけない。対戦相手からの分析が進んだことで、2020年シーズンを乗り切るために、カタノサッカーはまたも次のフェーズへと進化すべき時を迎えていた。

「強力な個には組織で対応しようと言って、これまで続けてきましたが、そうやって組織で対応していても、個で上回られることが増えましたからね……」

片野坂は悔しそうに俯いた。戦力の足りない部分は戦術で補完するのが監督の腕の見せどころだと頑張ってきたが、日本代表選手や外国籍選手、それも世界的スーパースターが跋扈する国内最高カテゴリーにおいては、策で補うにも限界があった。

とは言っても、組織で戦うことを投げ出すつもりはない。2020年シーズンに向けては、技術や戦術理解力がより高く、これまでに形作ってきたカタノサッカーにおいて、よりハイクオリティーなパフォーマンスを発揮できる戦力が集められた。

第２章

試練は粛々と乗り越えられる

◆◆◆守護神の苦悩◆◆◆

カタノサッカーが土台を築き上げていくにあたり、最初に多大なる苦労を強いられたのは、最も特徴的なタスクを課せられるゴールキーパーだった。

ミハイロ・ペトロヴィッチ監督がサンフレッチェ広島から指揮の場を移した浦和レッズと北海道コンサドーレ札幌でも、ミシャ式独特のキーパーのビルドアップ参加は続けられたし、現在は横浜F・マリノスもアンジェ・ポステコグルー監督の下、キーパーが積極的に攻撃参加する戦術を採っている。だが、そのいずれと比べても、カタノサッカーにおけるゴールキーパーのリスクの負い方は、極端に群を抜いていた。

ボールをコントロールするテクニックや周囲の状況を素早く見極め判断する能力が問われる仕事だが、それ以上に試されるのは胆力だ。特にスタイルがある程度に形を成して観客の理解を得るまでには、相当なメンタルが求められた。

最初に正守護神としてその役割を担ったのは上福元直人だった。順天堂大の4年生だった2011年夏に特別指定選手となり、大学卒業と同時にトリニータに正式加入したが、2014年シーズンまではカップ戦を含めても公式戦への出場は皆無。「アイツは真面目すぎるから、一所懸命になると視野がキューーッと狭くなってしまうんや……」とキーパーコーチに苦笑いされながら、2013年にスポット的に移籍した町田ゼルビアでも出場機会は得られず、それでもひたすらストイックに日々の鍛錬に取り組んでいた。

プロデビューはまさかのアクシデント絡みだった。2015年7月、試合前のウォーミングアップ中に正守護神の武田洋平が負傷して、急遽その代役を務めることになる。周囲はどうなることかと頭を抱えたが、上福元は意外に落ち着いてこなし、試合は2−1で勝利。そのまま8試合連続でゴールマウスを守ったが、武田が怪我から復帰すると再び第2キーパーへと戻っていた。

J3で戦うことになった2016年、開幕スタメンに抜擢されたことにより、上福元はカタノサッカーの最初の〝生贄〟となる。

まずは上福元から丁寧にボールをつなぎ、最終ラインとパス交換しながらとにかくギリギリまで相手フォワードのプレッシャーを引きつけろと言われた。真面目な上福元は気合いを入れて指揮官の求めに応じるが、相手が勢いよく至近距離まで寄せてくればくるほど視野は狭まり、どこにボールを出すべきかを見極めきれない。しかもフィールドプレーヤーたちも戦術習得中で、ボールを受けようとする立ち位置が、どうにも上手くなかった。

「危なーい！」

「もっと早く前に、前に蹴らんかー!!」

ビルドアップどころではない、ドタバタ喜劇のようなボールのやり取りに、スタンドからは悲鳴と怒号が降りそそぐ。

「こっちは腹を決めてやってるのに、むしろサポーターの悲鳴で動揺しちゃって……」

上福元はまるで「お願いだからこの声を伝えてくれ」と言わんばかりにインタビューで訴えた。それが指揮官の指示であり、戦術浸透の途上であることを理解して見れば、観客の反応も違ってくるだろう。だが、いまはまだ観客たちがプレーの意図をわかっていないので、ただ単に危なっかしいだけとしか見てもらえない。野次を浴びながらひたすら耐える時が続いた。

毎日のポゼッション練習では、キーパーはサーバーを務める。動く範囲は制限されるが、フィールドプレーヤーと遜色ないボール扱いが求められ、否応無しに技術も判断力も磨かれる。

そんなトレーニングを重ねて試合中のビルドアップが次第にこなれてくると、相手を引き込んでその背後を狙う意図がプレーから読み取れるようになり、観客たちもそれを面白がりはじめた。

「最近はもうあれを見ないと物足りない。むしろピンチが心地いいくらいだ。もっとやれ」

理解を深めたサポーターほど心強い味方はいない。見る側にとっても中毒性の強い戦術だった。

もとより広範な守備範囲をカバーするタイプで、思い切りのいい飛び出しが持ち味だ。得意の鋭いパントキックはカウンターの起点となった。それもこれも、頑固なまでに辛抱強い片野坂の要求に応え、スタンドからのプレッシャーにも耐え続けた日々の賜物だった。カタノサッカー創成期の上福元の仕事は涙なしには語れない。

だが、J2昇格を遂げた2017年、開幕スタメンを勝ち取ったのは、その年に移籍してきた高木駿だった。上福元とは同い年で、順天堂大の上福元、明治大の高木と、関東大学リーグでもライバルだった仲だ。東京ヴェルディのアカデミー育ちで洗練された足元の技術を持つ左利きに期待がかけられた形だったが、チームに合流したばかりの高木はまだカタノサッカーの中毒性に目覚めきれておらず、相手の寄せに対してロングフィードを蹴る判断が早かった。それで第3節からは再び、上福元がレギュラーに定着する。

「あそこまでやるんだ……」

上福元のプレーを見ながら高木は細い目を丸くした。実際、「あそこまでやる」と言われるレベルの引きつけようだ。マゾヒスティックに自らを追い込むようなプレーの数々を目の当たりにした高木は覚悟を決めてマゾヒストとしての道を歩みはじめ、

２０１７年シーズンのラスト2試合で、上福元に代わり正守護神に返り咲いた。

２０１８年は上福元が東京ヴェルディへと移籍し、カタノサッカーに順応した高木がその質を高めていった。落ち着いたボール保持とピッチ全域を見渡せる視野の広さ、的確な判断に基づく自陣でのゲームメイク。たまにミスして相手にプレゼントパスをしてしまうこともあったが、そういう〝やらかし〟を自作自演で後処理することも含め、ビッグセーブでチームを救う場面も、出場を重ねるごとに増えていった。

「試合のハイライト映像の得点シーンに映る回数を増やしたいです」

正守護神として定着した後、そんな目標を掲げた。確かに、ハイライト映像のゴールシーンに攻撃側のゴールキーパーが絡んでいることは少ない。だがカタノサッカーでなら、擬似カウンターの起点になれば大いにあり得る話になる。

◆◆◆出んといてやられたら後悔する◆◆◆

181センチとゴールキーパーにしてはそれほど高身長ではない高木だが、飛び出すタイミングの察知能力や空間認識能力が高いのか、ハイボール処理に長けている。「クロスに対しては必ず出るようにしてます。クロスが入ってくるとヨシさんの『出ろーーーーー!!』って声が脳内に響くので」

高木はダミ声を真似しながら笑う。「ヨシさん」というのは吉坂圭介ゴールキーパーコーチのことだ。坊主頭のいかついルックスで、ゲキを飛ばす関西弁の迫力が半端ない。一方で、コンビニスイーツの新商品を網羅する甘党だったり、娘にプレゼントされたピンク色のうさぎ型の枕をアウェイ遠征に持参したりと、外見とのギャップの大きさでみんなに愛されてもいた。1998年、24歳のときに現役キーパーとして当時の大分トリニティに加入し、3シーズンプレーして引退後にトリニータU―18のキーパーコーチとなった古株だ。

アカデミーを指導していた頃から含め、関わった選手は数知れず。キーパーだけ挙げても現・浦和レッズの西川周作、京都サンガの清水圭介、徳島ヴォルティスの上福元直人、名古屋グランパスの武田洋平と、現在第一線で活躍する面々が並ぶ。特に生え抜きの西川、清水、上福元はプレースタイル形成の上で、アグレッシブさを追求する吉坂の影響を大いに受けていた。

西川はサンフレッチェ広島から浦和レッズにかけてミシャ式体現の核となり、清水は２０１９年J2の京都サンガで中田一三監督の現代サッカーに適応する。上福元は東京ヴェルディでミゲル・アンヘル・ロティーナ、徳島ヴォルティスでリカルド・ロドリゲスと、２人のスペイン人監督によるポジショナルプレー向けに獲得を熱望された。いずれも守備範囲を広く取らせる吉坂の指導スタイルがもたらした成果と言っていい。

吉坂が指導者になった当時のゴールキーパーはゴール前でどっしりと構える旧来のスタイルが主流だったが、吉坂は考えていた。

「ボールも進化しているし、サッカーのスピードもどんどん速くなってきているから、シュートストップ1本ではいずれ絶対に限界が来る。シュートまで持ち込まれてそれをストップしてナイスキーパー、というのはやっぱり行き詰まってくるんじゃないか。シュートストップでのミスは指導者としても何十回と言わず経験してきている。だから、ゴールから1メートルでも前で仕事が出来るといい」

西川、清水、上福元、高木。いずれも180センチ台前半で、キーパーとしてはそれほど大柄ではない。アカデミーで指導した選手たちはもっと小柄だった。そこでスピードと賢さが必要になってくる。ハイボールに対しては果敢にチャレンジさせる。

「はっきり言ってデカい外国籍選手に頭の上からやられたら防ぎようがないから、そういうときは体を当ててるだけでもいい。カブってやられたら仕方ない。でも指一本でも触ればキーパーの勝ちや。出んといてやられるほど後悔するものはない。そうなると動く範囲も広くなるから、自ずと練習もキツくなる」

豪快に笑う吉坂のトレーニングのハードさはJリーグのゴールキーパー界隈では有名らしく、2019年に川崎フロンターレからレンタル移籍でやってきたポープ・ウィリアムは「あの有名なトレーニングをやりに来ました」と言った。

メニューも独特だ。まず有酸素運動としてボクシングを取り入れており、移籍してきたゴールキーパーはことごとく「なんでボクシングのグローブがあるの!?」と面食らいつつ笑う。しかしいざやってみるとこれがキツい。実は吉坂がアカデミーを指導していたとき、トリニータU−18の監督だった皇甫官が研修に行ったマンチェスター・ユナイテッドのアカデミーでやっていたものを、そのまま取り入れたという。西川たちキーパー陣はもちろん、当時はフィールドプレーヤーも全員、このメニューを課せられていた。梅崎司や福元洋平ら、のちに他クラブで活躍する選手たちもみんな通ってきた道のりだった。

そのボクシングの後に行われる、ベスト型のウェイトを身につけての連続セーブがまた、負荷の高いメニューだ。左右、頭上と続けざまに蹴り分けられるボールを次々に弾き、反射と反応、身体能力を同時に鍛える。

「だって、現実のゲームのシチュエーションってそうでしょ。早い展開の中では一発で掴むのは難しいし、無理に掴みに行ってこぼすほうが怖い。ゴールに入れさせなければいいんだから、連続で弾けるようになれと」

吉坂の守備に関するこういった考え方が、カタノサッカーの理想とする攻撃を支えることにもなった。ビルドアップに参加し、ときにはボランチ近くの高さで攻撃参加するゴールキーパーは、守備に切り替わった瞬間に即座に対応しなくてはならない。守備時に出来るだけ高い位置で攻撃に切り替えられれば、相手の陣形が整う前に、より有利にスペースを突くことも出来る。

そんな吉坂も、片野坂体制スタート直後は「攻撃については度肝を抜かれた」と語った。

「右から来たボールは左に蹴るのが常識だし、相手が寄せてきたらノーリスクで蹴れって、多くの監督は言うでしょ。それを近づいたり離れたりとポジションを取り直して相手を動かしてスペースを作ったり、アンカーにつけたりシャドーに浮き球を落としたり。だから事故も起きる。それでも『俺が責任を取るからトライしてくれ』ってカタさんが言うから、選手たちも怖がらずにやれたんやね」

ゴールキーパーが最後尾でボールを持つにあたっての恐怖感はゴールキーパーにし

かわからへんやろ、と吉坂は笑う。そういう精神的負荷の高い戦術を遂行しているから、余計にキーパーチームの結束は強まっているのかもしれなかった。攻撃時にフィールドプレーヤーが追い込まれたらしわ寄せを被るのはキーパーだ。だから自分がバックパスを受けるときには早めにフィールドプレーヤーに指示を出すようになるし、視野は広がり判断も早くなる。

長年、いろいろな監督の下でトリニータのキーパー指導に携わってきた吉坂だが、その哲学が最も花開いたのがカタノサッカーだった。

◆◆◆言いなりに動くのは誰でも出来る◆◆◆

片野坂トリニータが初めてJ1に乗り込んだ2019年の開幕戦で一躍、時の人となったのが藤本憲明だった。

J2からの昇格組で降格候補筆頭のトリニータが初戦にしてアウェイのカシマスタ

ジアムで強豪・鹿島アントラーズを下したことは、センセーショナルなニュースとして翌朝、多くのスポーツ紙を彩った。チームの勝利に花を添えたのが、その試合で2得点を挙げた無名のストライカーだ。

ガンバ大阪堺ジュニアとジュニアユースで育ち、青森山田高、近畿大を経て2012年、キャリアのスタートはJFLの佐川印刷SC。午前はトレーニング、午後は印刷物を梱包する仕事という日々の中、2度にわたってチーム名が変わった末に、2015年、廃部が決まった。一度はプレーの場を失いかけた藤本だったが、翌年からJ3に参入する鹿児島ユナイテッドFCから声がかかって一転、Jリーガーとなる。いきなり1年目から15得点を挙げてJ3得点王に輝くと、翌シーズンは24得点で2年連続の得点王に。2018年にトリニータに移籍してJ2へと〝個人昇格〟すると、チーム得点ランク首位の12ゴールを挙げ、今度はチームで昇格を勝ち取った。

社会人チームから8年かけて国内最高峰のステージへと上り詰めたシンデレラ・ストーリー。それだけでも話題性抜群だが、加えてJFL、J3、J2、J1と、戦ってきたすべてのカテゴリーで開幕ゴールを決めるという新記録もマーク。いずれも利き足ではない左足でのシュートだった。

キャリアをたどれば苦労人のはずなのに、アイドル系の童顔にして3児のパパという意外性。関西人ならではのノリのよさもあいまって一夜にして人気者になったが、この遅咲きのストライカーもやはり、カタノサッカーに順応するまでには相応の苦しい時期を過ごしてきた。

加入当初から指揮官の要求に合わせて1トップで相手ディフェンダーとの駆け引きを続けていたが、始動して間もないチームはビルドアップもままならず、一向にボールが出てこない。受けに下がりたいところをぐっと我慢し、ようやくボールが出てきても、型どおりのフィニッシュには至らなかった。開幕戦では得点したものの、先発してもなかなかチームにフィットした手応えを得られず、第5節からはベンチスタートとなり、やがてベンチからも外れることになる。

ようやくスタメンに返り咲いたのは第19節の松本山雅戦。第16節のヴァンフォーレ甲府戦で大敗後にチームが試行錯誤している時期で、ヴァンフォーレから期限付き移籍中のボランチ・宮阪政樹が契約上出場できないこともあって、中盤のメンバーを入れ替え全体のモビリティーを上げた一戦だった。22分に相手の背後へと抜け出そうとしたところを倒され、相手ディフェンスリーダーを一発退場に追い込む。40分にはアーリークロスにスライディングで飛び込み、その決定機は逃したものの、直後に跳ね起きてゴール前でポジションを取り直すと、パスを受けてゴールを奪った。以後、第25節までは先発出場を続け計4得点を挙げたが、チーム自体が過渡期にあって波に乗れず、第26節からは3―5―2システムを採用したこともあり再び先発から外れる。

それからは途中出場、それも終盤に交代でピッチに立つ試合が増えたが、むしろそれが藤本の能力を際立たせることになった。第32節・ロアッソ熊本戦は10分プレーして1得点。第34節のレノファ山口戦は26分で2得点。第35節の水戸ホーリーホック戦でも21分で1得点と、短時間の出場でゴールを量産。初めて2トップでフル出場した第33節のカマタマーレ讃岐戦では堂々2得点を挙げた。

あるときは擬似カウンターを最大限に活用して相手の背後に抜け出すと、必死で下がってくる相手を落ち着き払ってかわし得点を奪う。あるときは速いグラウンダークロスにニアで合わせ、ワンタッチのヒールシュートで流し込む。カタノサッカーの醍醐味のようなフィニッシュの形に、スタジアムは何度も沸いた。

「いやあ、やっと合ってきましたわ」

シーズンが終盤に差し掛かる頃、藤本はほっとしたように顔をほころばせた。

「最初はチームのやり方に合わせようとしてた。このチームはいままでいたところと違って、攻撃にも守備にも細かい約束事が多いから。それで一所懸命やってみたけど、なかなか上手く行かへん。で、あるときふっと思ったんです。俺、自分のサッカーでメシ食ってんのに、誰の正解を探してんのやろって。ただ言いなりに動くだけやったら誰でもできる。自分のサッカーで、カタさんのサッカーの中で結果を残したいと思ったし、それでなら結果を出す自信があった。だから合わせるだけだと思ってひたすらやり続けました」

ビルドアップ時、実際にボールを動かすのは後ろの選手たちだが、擬似カウンターの成立には最前線の選手も密接に関わっている。布陣後方でボールを動かす様子を見ながら相手最終ラインとの駆け引きを続け、ここぞというところで裏抜けを仕掛ける。後方との意思疎通と相手の隙を突く最大公約数的なタイミングを作り出すのは簡単ではないので、千載一遇のチャンスは一撃必殺で仕留めたい。鹿児島ユナイテッドでプレーしていた頃から、藤本はゴール前でふてぶてしいまでの落ち着きを見せつけていた。要領を掴みさえすれば、カタノサッカーでもその強みが花開くのは時間の問題だった。

「カタさんも前で駆け引きしろって言うし。JFLやJ3のときと違って周りの選手の技術も高くなったから、俺が触らなくてもボールは前にくる。だったら俺はゴール前の落ち着きとか決定力に集中しようと考えたんです。あとは周りと合ってくるまで、ただただただそれを続けてきました」

フィットするまではやはり悩んだのだろう。人前では苦しい顔を見せないが、手応えを掴んだときの表情に、それが透けて見えた。ベンチから外れた時期には「やっぱりJ3止まりの選手だったか……」と叩かれ、我慢しながら地道に駆け引きを続けた試合では「サボってないで走れよ!」と野次を飛ばされた。それでも折れずに続けてきたからこそ、本来の力がきらめくようになったのだ。シーズン終盤に藤本が挙げた6得点がトリニータのJ1自動昇格を大きく後押ししたことは間違いない。

そんな藤本の真骨頂が輝いたのが、第38節のジェフユナイテッド千葉戦だった。指揮2シーズン目のファン・エスナイデルによる極端なまでのハイライン・ハイプレス戦術を採るジェフに対し、片野坂は裏抜けを得意とする藤本を、5試合ぶりにスタメンでぶつけた。後方でボールを回して擬似カウンター状態を作り出すまでもなく、放っておいても前がかりに襲いかかってくる相手だ。攻撃力の高いタレントが居並ぶジェフを5－4のブロックでしのぎながら、トリニータはボールを奪うと容赦なく、前線に攻め残っている藤本へとフィードを送った。

狙いは完璧なまでにハマり、藤本はそのたびに相手センターバックと体を入れ替えながらボールを収めると、ガラ空きの相手陣で無双する。試合開始直後に三平和司が相手のミスを逃さず先制点を挙げ、リードした状態で入れたことが、さらに藤本の優位性を加速させた。

◆◆◆エースストライカーを抜かれて◆◆◆

シーズン序盤にゴールを量産した藤本の名は、ノーマークだった大分トリニータの独特のサッカースタイルが評判になるのと同時に、全国のJリーグファンへと広まっていった。

第3節のジュビロ磐田戦で、クロスに合わせた先制弾。さらには裏に抜け出す藤本を止めようとした相手センターバックを一発退場に追い込む。第4節の横浜F・マリノス戦ではまず自らが起点となりマイナスのクロスに合わせて1点、そして右からのクロスをニアで待ちヒールで流し込んで2点目。これでリーグ得点ランク首位タイに躍り出る。第6節の北海道コンサドーレ札幌戦でも、立ち上がりにクロスの折り返しに合わせ先制。

デビューしたばかりのJ1で早々に日本人得点王という得点数もさることながら、

いずれもワンタッチでゴールネットを揺らす鮮やかさが光った。そうなると俄然、相手からの警戒もキツくなる。タイトにマークされて藤本の自由は許されなくなったが、藤本が相手を引きつけるぶん、シャドーで出場しているオナイウ阿道の得点が増えた。

試合を重ねるごとにカタノサッカーも研究されはじめ、また、相手との地力の差を見せつけられるような試合も続いて、第12節からは5戦未勝利となった。勝てなくなってからもオナイウが急激に得点ペースを上げたことで、なんとか勝点1を得たり得失点差を稼いだりと地道に踏みとどまっていたが、どうにも失速感は否めず、戦術のブラッシュアップが求められていた。

激震が走ったのはそんな矢先のことだ。8月7日、第一報はスポーツ紙。藤本のヴィッセル神戸への電撃移籍が決まった。

ここ最近は得点から遠ざかっていたとはいえ、チーム得点王だ。そしてオナイウが順調に得点を重ねているのは、ゴール前で狡猾な動きを繰り返す藤本に相手のマークが集まっているからでもある。また、第12節の清水エスパルス戦では、ペナルティーエリアの外から岩田智輝がゴール前に送ったボールに反応し、流し込むだけの位置に飛び込んだにもかかわらず咄嗟に弾道を見極めると、相手ディフェンダーをブロックしながら敢えてスルーして、岩田の得点を演出している。自身は得点していなくとも、ボールに直接関わらないところでチームの得点をお膳立てした場面が、いくつもあった。シーズン半ばにしてエースストライカーを失う痛手は計り知れない。

だが、これればかりは仕方のないことだった。一説によればヴィッセルが藤本に提示した年俸額はトリニータの3倍とも言われている。リーグ最少予算のチームがリーグ最多予算のチームにマネーゲームを挑んだところで、勝ち目があろうはずがない。

もちろん、藤本にも迷いはあった。だが、JFLでキャリアをスタートしてサッカーで勝負しながらコツコツとカテゴリーを上がってきたストライカーが、30歳を目前にして、さらなるジャンプアップのチャンスに懸けない手はない。佐川印刷の会社員だった頃から支えてくれている家族たちに恩返しもしたいだろう。しかも愛妻はいま、4人目の子供を身ごもっている。

こうしてトリニータは大きなリソースを失い、藤本抜きの新たなメソッドを構築することになった。藤本の移籍に伴ってクラブへの収入もあり、7月にガンバ大阪から完全移籍加入したウイングバックの田中達也に続いて、大宮アルディージャからアタッカーの嶋田慎太郎をレンタル、さらに名古屋グランパスから経験豊富なボランチの小林裕紀を獲得する。ストライカーが抜けた穴埋めとして単純にストライカーを補充するのではなく、ミッドフィルダー3人を加えてチーム全体の底上げを図るあたりにも、カタノサッカーらしさが感じられた。

それぞれに経験値を持つ新加入メンバーは、即戦力としてチームに刺激をもたらした。特に左ウイングバックの田中達也とボランチの小林裕紀は早々にスタメンに定着し、布陣の強度を高めた。

だが、苦闘は続く。第20節からは4分2敗と6戦未勝利。藤本が抜けた第22節以降、4試合で1得点とゴール不足に苛まれた。第26節の湘南ベルマーレ戦で5試合ぶりに複数得点を挙げて7試合ぶりに勝利したが、第27節には残留争い中のジュビロ磐田にホームで敗れる。その後、シーズン終了までの戦績は2勝2分3敗。最後はシーズン2度目の連敗で終えることとなった。

片野坂は普段から3―4―2―1や3―5―2のシステムで4―4―2の相手を制

することにおいては絶対的なこだわりを持っている。それだけに、いずれも4―4―2のベガルタ仙台とセレッソ大阪とに連敗したこと、とりわけセレッソ戦では相手との地力の差を見せつけられるように屈したことを、激しく悔しがった。

ベガルタもセレッソも、それぞれの戦術理論と哲学を持つ知将に率いられたクセのあるチームで、基本フォーメーションはオーソドックスな4―4―2だが、その器を使っての戦い方は難解で、攻略も難しい。とは言っても、2試合とも好機を築くところまでは行けていたのだ。ただ、相手のタイトなディフェンスを打ち破ることが出来ず、攻めあぐねる中でセットプレーから先制点を奪われて、相手に流れを明け渡してしまった。

やはり、藤本の空けた穴が最後まで響いた形だ。単純に一人のスピードや決定力がなくなっただけでなく、藤本が抜けたことでフィニッシュ周りにおけるオナイウ阿道の負荷が増した。後藤優介や三平和司も巧みに相手を崩しに行ったが、J1チームの守備陣の前に、パワー不足の印象は否めなかった。

2020年シーズンの戦いに向け、片野坂は表情を引き締めた。

「セレッソのような堅い守備ブロックやベガルタのような球際の激しさは、システムに関わらず自分たちにも必要になってくる。そういう高いレベルの守備がある中で、攻撃でどういうふうに上回らなければならないか、ちょっと考えなくてはならない」

◆◆◆やっぱり補強は大事◆◆◆

多額の人件費を注ぎ込んだとしても、それで優勝できるわけではないのがサッカーだ。

2019年に大分トリニータが脚光を浴びたのも、リーグ最少予算で編成したチームながら、そうそうたるビッグクラブに引けを取らずに戦い、一時は3位にまで駆け上がって9位でシーズンを終えるという快挙を成したからだった。とりわけ日本人は「弱者が強者を上回る痛快な物語」を好む傾向がある。

だが、J1である程度の手応えを感じた以上、さらなる境地を目指すべきだと片野坂は視線を高く上げた。それに、チームにとっては〝コストパフォーマンスの高さ〟も高評価ということになるだろうが、クラブとしてはいつまでも「弱者」のレッテルを貼られたままチームの力に頼ってもいられない。

「2019年に関してはJ2で2位になった2018年のチームをベースにしながら、J2の中でJ1で通用しそうな選手、J1で出場できていない選手から、このチームに合いそうな選手を加えてトライしました。J1での指揮は僕もはじめてだし、トリニータにとっても6年ぶりの舞台。予算が少ないぶん、選手のコマがいなければ残留争いすることになる。18位からのスタートで苦しむだろうと覚悟していましたが、なんとか点を取って勝つことが出来るようにもなりました。でも藤本が夏に抜かれたりもした中で、やはりJ1で通用する選手、通用しない選手が試合ごとにわかってきはじめたんですね」

トリニータにはインテリジェンス値が高く、戦術理解の下に上手くプレーできる選手が数多くいる。難解なカタノサッカーが表現できるのは、彼らの才覚あってこそだ。ただ、それでも彼らの多くがレギュラーメンバーとして安泰でなかったのは、強度が課題だったからだと片野坂は言った。

Ｊ１で主力として活躍している選手たちは、90分間の戦いの終盤になっても、強度が落ちない。外国籍選手や世界基準のプレーヤーも多く、トリニータがいかに組織力でそれに対抗しようとも、相手の骨太な個にねじ伏せられてしまうことが、残念ながら、ある。

「ＦＣ東京のディエゴ・オリヴェイラと永井謙佑の２トップをうちの３バックと周囲のカバーリングで抑えろと言っても、どうしようも出来ない部分があるかもしれないですし、ヴィッセル神戸の古橋亨梧くんのスピードを止めろと言っても、身体能力の差は超えられない可能性がある。そういう『どうしようもないところ』はもう、どうしようもない」

どれだけ粘り強く守っていても、最後の最後で決壊すれば失点を喫する。どれだけ根気強く攻略しても、最後の最後で打開できなければ得点は奪えない。そういうところで、勝点３が１になったり、１が０になったり、逆転されたりもする。

「やはり補強は大事です」

片野坂はきっぱりと言った。Ｊ1で戦っていく以上、そのステージでは通用しない選手には引導を渡さなくてはならないのがプロの世界だ。限られた資金で最大限の強度を生み出すために、戦力の見極めが必要になる。

そして2019年は、クラブにとってもう一段階、新たなステップへと踏み出すタイミングでもあった。かつてチーム強化のために経営バランスを欠いて財政難に陥ったクラブは、リーグや大分県から緊急融資を受けて急場をしのぎつつ、11億円を超える債務超過解消のために行政や地元経済界、県民などから支援を募ったほか、企業再生ファンドから3億5000万円の出資を受けていたのだが、この年の6月、自社株の買い戻しを完遂。苦しみながら進めてきた経営再建に目処が立ち、いよいよ再び成長のための積極経営へと舵を切ろうとしていた。

今度こそ堅実なやり方で、トリニータをＪ1に定着させたい。クラブ経営陣の思いが現場の熱意と重なって、2020年は前年より推定5億円、強化費がアップされた。

藤本憲明の前例を鑑み、Ｊ1プレーヤーとしては低年俸で結果を出した現有戦力たちを引き抜かれないために、彼らの評価も上げなくてはならない。加えて、これまで築いてきたカタノサッカーの骨格を、より強固にするための新戦力を迎えた。

「J1残留もそうですが、一桁順位やAクラスに定着することを考えれば、相応の戦力を整えることが必要になる。そうクラブに話し、クラブもそれを理解してくれたので、予算の範囲の中で戦力を集めました。ただ、戦術のバージョンアップもしないわけではありません。やはりグループの連係、連動、精度を高めてやることが、このチームが生き残っていくひとつの術になると思います」

決意を強める片野坂は、新たにヘッドコーチとして岩瀬健も迎えた。2005年から浦和レッズ、2013年から柏レイソルでアカデミーの指導にあたり、2017年からはレイソルのトップチームでヘッドコーチとなって、2018年終盤には指揮官交代により2試合のみ監督としてチームを率いた経験も持つキレ者だ。実は岩瀬はゼネラルマネージャーの西山哲平の小学生時代の一学年後輩にあたる。コーチの安田ともレイソル時代から旧交があり、理論派揃いのチーム片野坂の進取の気風に、さらに拍車がかかることになった。

第3章

いま、
立ち返るべき場所

ウルトラセブンの奔走

カタノサッカーが方向性をブレさせることなく年々着実に成長しているのは、シーズンごとのチーム編成の継続性に拠るところも大きい。2016年には八反田康平と松本昌也、2017年には上福元直人と鈴木惇と、戦術の根幹を支えた主力の流出もあったが、それも最小限に止まった印象だ。それまでの大分トリニータは毎年、シーズン終了後に核となるプレーヤーがいろいろな形でチームを去り、新シーズンはまたゼロからチームを構築しなくてはならないという繰り返しになっていた。

その残念な状況を断ち切り、築いたものを継続しながら強化できるようなチーム編成にあたってきたのが西山哲平ゼネラルマネージャーだ。2015年7月、それまでの強化部長が監督として現場に立つようになり、代わりに強化部長代理として強化最高責任者の職に就いていたが、翌シーズンからは正式に強化部長に就任。役職としては昇進した形だが、実態はJ3に降格したタイミングで戦力を掻き集めねばならない大役を押しつけられた〝被害者〟にも見え、本人も憔悴しきった様子で選手たちの慰留に奔走していた。

大分にやってきたのは献身的にチームに尽くすユーティリティープレーヤーだった現役時代、2002年のことだ。トリニータの初めてのJ1昇格を後押しし、初の降格を味わうまでの8シーズンを過ごした。2002年J2第37節・サガン鳥栖戦では、最後の最後に目の覚めるようなゴラッソをぶち込んで逆転勝利を決め、優勝争いに食い下がった。2008年ヤマザキナビスコカップの決勝戦ではクローザーとして89分にピッチに立ち、初戴冠の瞬間も経験している。クラブの第1次黄金期を牽引したヒーローは、その背番号にちなんで「ウルトラセブン」と呼ばれ、数々のメモリアルな瞬間をともに過ごしてきたサポーターたちから深く愛されてきた。

2009年かぎりで現役を引退すると、そのままクラブに残って強化の仕事に携わるようになる。2015年には一旦、アシスタントコーチとして現場に戻り楽しそうにボールを蹴っていたが、指揮官交代のゴタゴタの中で6月には再びフロントに籍を移し、そのままＪ３降格にともなう嵐に巻き込まれた。

なにしろ大変な事態だった。かつての上司が監督として率いるチームがＪ３降格の瀬戸際にあるときで、まずは最悪の事態を想定し、戦力確保のためにも信頼できる新指揮官を探してこなくてはならない。何人かの候補者に当たったが、２０１６年シーズンの舞台がＪ２になるのかＪ３になるのかもわからない時点で、降格しそうなチームを引き受けると答える猛者は、そう容易に見つかるものではなかった。

そんな状況で漢気を見せてくれたのが、２００３年にトリニータでチームメイトとして戦った片野坂だった。

「カタさんは素晴らしい人間性の持ち主で、サッカーに対しても真摯で実直な人です。ともに歩める人だとも前々から思っていたので、来てもらえて本当にラッキーでした。サンフレッチェ広島やガンバ大阪での仕事ぶりはあちこちから聞いていたし、数々のタイトルを獲る実績も上げている。いろんな監督の下で指導経験を積んでいて、３バックのチームも４バックのチームもやっている。引き出しは多いと思います」

監督が最強の補強ですね、と西山はほっとした表情を見せた。

指揮官が決まれば次は組閣だ。西山が最も重視したのは「現場の一体感」だった。2015年はJ3降格まで負のスパイラルに巻き込まれていく中で、スタッフがなかなか意思統一できず、最後までチームを立て直すことが出来なかった。

「昨季の反省を踏まえ、一体感を持てる陣容がすごく大事だと思ったんです。スタッフがひとつになれないと選手にも一体感が生まれないですからね」

ヘッドコーチとして西山と片野坂が白羽の矢を立てたのは、当時ヴィッセル神戸でスカウトを担当していた吉村光示だった。片野坂が現役引退後の2004年夏にトリニータに加入し、2005年シーズンまで西山とともにプレーしたディフェンダーだ。2009年からは大阪学院大で指導者キャリアをスタートし、2011年からは古巣のヴィッセルでコーチを務めた後、強化の仕事に就いていた。

「経験はそんなにあるわけじゃないですけど、人間性を評価して」

西山がそう言った吉村はアニキ的な雰囲気も持ちつつ、実に細やかな気遣いで指揮官をサポートした。プライベートで食事に出かけた席でも片野坂を支える姿勢を崩さない。てっきり旧来の知り合いかと思いきや、二人が正式に顔を合わせたのは

2016年にチーム片野坂を組んだときだと聞いて周囲が驚いたくらいだった。コーチには、U―18監督と兼任する形で山崎哲也を招いた。山崎は1999年から2004年までトリニータで過ごし、一度はセレッソ大阪に移籍したが2008年に再びトリニータに戻って現役を引退。トップチームとU―18で指導にあたり、2013年にはU―18をプレミアリーグ昇格に導くという実績も上げた。

ゴールキーパーコーチはトリニータが「大分トリニティ」と名乗っていた時代から在籍する吉坂圭介。長くアカデミー指導に携わっており、フィールドプレーヤーも含め現在プロとして活躍している選手のほぼ全員が、彼の指導を受けているという古株だ。

◆◆◆ 僕らは僕らのサッカーで ◆◆◆

いずれもトリニータでプレーした経験のある人物を集結させたのは、西山が「このクラブのことをわかっていて、クラブ愛があることが一体感につながっていく」と考えたからだった。

2019年にはやはりOBの浮氣哲郎や山崎雅人を呼び戻し、現役引退後にそのままトリニータで指導者になった山崎哲也や梅田高志とともに、アカデミーのスタッフに配置した。

選手に関してもそれは同じで、西山の下ではトリニータでプレーした経験のあるプレーヤーや生え抜きたちが多く獲得された。

監督が代わるたびに戦い方が変わるのではなく、クラブとして哲学を持たなくてはならないと、西山は考えていた。それはチームがゲームモデルを設定する上でも必要な、大事な要素になる。

そういうことも考えつつ、ただ2016年は、とにかくJ3で戦えるだけの戦力を掻き集めねばならない現実があった。しかも一年でJ2に復帰しなくては、スポンサーが離れ観客も減って、クラブの存続さえも危ぶまれることになる。もちろんJ3に落ちたことで強化予算も絞らなくてはならない。それでいながら、J3で結果を出しつつＪ２復帰後のことも見据えてチームを編成するという難易度の高いミッションを果たすために、トリニータに関わるあらゆる人々の生活を背負って、西山は日夜、奔走した。

選手にとっても簡単な決断ではない。降格させた責任は感じつつも、短い現役期間をどこでどう過ごすかはその後の人生にも響いてくる。養うべき家族もいる。オファーする側もされる側も心苦しさを避けられない交渉が重ねられる中で、Ｊ３でもトリニータでプレーすると表明してくれる選手がちらほらと出てきた。最初に手を挙げたのは２０１５年にキャプテンを務めたブラジル人センターバックのダニエルだった。大分県北部に位置する中津市出身のボランチ・松本昌也と、一度は契約の都合で京都サンガに移籍したが２０１５年に完全移籍でトリニータに戻ってきたフォワードの三平和司も契約を更新した。

この３人の契約により縦のセンターラインの目処が立つと、それを軸にして西山はチームの組み立てに着手した。

Ｊ２復帰を果たした２０１７年は、カテゴリーが上がったことで予算も少なからず増え、チーム編成も片野坂と共同で進めることが出来るようになった。

12人の新加入選手のうち小手川宏基や岸田翔平らアカデミーOBが4名。また、2014年に半年間、FC東京からレンタルした林容平を、今度は完全移籍で獲得する。2016年の主力だったダニエル、松本昌也、八反田康平らが抜け、竹内彬、鈴木惇、川西翔太らが入ってセンターラインの顔ぶれは大きく入れ替わったが、西山は言った。

「基本的に目指すべきところは昨シーズンと同じです。僕らは僕らのサッカーで、昇格した次のシーズンまで見据えてやってきたという自負があるので」

J3と同じことをやってもJ2では戦えないと考える片野坂が、いよいよミシャ式を踏襲した形から本格的に独自のスタイルを構築しはじめたこのシーズン以降、チーム編成の方向性は自ずと定まっていく。それはカタノサッカーが明確に輪郭を描いている証左でもあった。

派手さに欠けるが不可欠な面々

２０１７年は混戦の上位争いに絡みながら、惜しくもJ1昇格プレーオフ圏には届かなかった。

「一定の手応えは得たんですが、シーズン終盤に最後のところで勝ちきれない試合が続いた。それで『継続性』と『課題の修正』を編成のポイントに挙げました」

と、２０１８年の新体制発表会見で西山は説明した。

２０１７年に積み上げたものをリセットすることなく、そこからさらに積み上げるためには、主力選手の慰留が不可欠となる。前年にいい働きをした既存戦力を残すためには現状維持では駄目だと、経営陣に強化費の増額を交渉した。リーグ戦38試合でゴールを守った守護神の上福元直人が東京ヴェルディに移籍し、ボランチとしてカタノサッカーの体現に貢献した鈴木惇がレンタル元のアビスパ福岡に戻ったが、「主力クラスはなんとか2人のみにとどまった」というのが大方の印象だった。

修正すべき課題は、両ゴール前の強度。相手ゴール前でいかに隙を突き、自陣ゴール前でいかに隙を突かれないかということをテーマに補強を行った。ただし、だからと言ってゴリゴリのストライカーや屈強なセンターバックを獲得したわけではない。全域にわたって満遍なく層を厚くしていた。

「たとえばサイドの選手が両ゴール前と関係ないのかと言ったらそうではない。守備で言えば数十センチの寄せの部分などでクロスを上げさせないといったところも期待するし、攻撃で言えばクロスの数が増えれば当然、中でのチャンスも増える。そういった意味で、すべての選手が両ゴール前に関わってくるという考え方です」

もちろん、クラブが高額年俸の外国籍ストライカーと契約できる財政状態でないことも、影響していないとは言えない。それでも西山の言葉は、カタノサッカーの特徴を裏付けていた。

そしてこのシーズンの新戦力には、これまでに対戦したチームで存在感を放っていたプレーヤーが多く顔を並べた。J2からは馬場賢治、宮阪政樹、那須川将大、星雄次。そしてJ3から藤本憲明。

唯一、J1から移籍加入したのは丸谷拓也だ。2012年から2シーズン、期限付き移籍したトリニータでJ1昇格とJ2降格を経験し、レンタル元のサンフレッチェ広島に戻っていたが、5シーズンぶりに完全移籍で戻ってきた。サンフレッチェでコーチ時代の片野坂の指導を受けており、ミシャ式を知り尽くしている。リーグ優勝やACL、クラブワールドカップも経験し、プレーヤーとしての実績と貫禄を身につけていた。他ではアカデミーOBの刀根亮輔と、2016年J3優勝を支えた山口真司も出戻り組だ。

2年連続J3得点王の藤本を除けば、いわゆる〝いぶし銀〟的なプレーヤーが並ぶ。派手さには欠けるが、組織において不可欠な存在となる選手たち。その顔ぶれを俯瞰すれば、片野坂が描こうとしているサッカーがいかなるものかが自ずと浮き彫りになってくるようだった。

この方針は、いよいよJ1にチャレンジすることになった2019年のチーム編成において、より色濃くなる。〝J2オールスターズ〟と呼ばれた集団には、やはり対戦チームで存在感をアピールした選手たちがずらりと揃った。オナイウ阿道、小塚和季、小林成豪、島川俊郎、庄司朋乃也、伊藤涼太郎。いずれもJ2では注目された存在だが、新加入選手の中でも高山薫と三竿雄斗の2人以外は、J1ではほとんど実績のないメンバーばかりだ。かつてJ1でチャンスを掴みきれなかったり、初挑戦だったりする彼らにとっても、クラブとともに自身の成長を実感したいシーズンを迎えることになった。

「対戦したときに、いいサッカーをしていると感じたので」

移籍加入決断の理由として、そう答える選手が年々増えた。2019年に注目されたことで、2年目のJ1チャレンジに向けてのチーム編成もスムーズになる。指揮官続投の一報を早い時点でリリースできたことにも後押しされた。

「もちろん、マネーゲームになりそうなところにはもともと声をかけないというのもあるけれど。でも、オファーして断られたのは一人だけでした」

と西山は明かす。町田也真人、渡大生、野村直輝、佐藤和弘、香川勇気、小出悠太と、補強方針は前シーズンを踏襲しながら、組織を形作る個々が少しずつパワーアップしているイメージだ。さらに補強の目玉として、川崎フロンターレからストライカー・知念慶を期限付き移籍で獲得した。タレント揃いのフロンターレではまだレギュラーに定着しきれていないが、途中交代からの出場でも得点を挙げている。身体能力やプレー強度の面では、卓抜したものを誇っていた。

チームの外から見てもカタノサッカーの輪郭が明確に把握できるため、新加入のプレーヤーたちはチームに合流する時点ですでに、各自の特長をどう組織に生かしていくかというイメージを持つことが出来ている。そのため、プレシーズン時点でも新戦力のフィットは過去最高にスピーディーだった。個々のインテリジェンス値もシーズンを追うごとに高まっており、進化するたびに高度になっていく片野坂の要求に、組織としても応えうる力を持つようになっていった。

「現場とクラブとが、どういう選手を入れてどういうサッカーをしていくかという部分で、非常にマッチしているんですね。密にコミュニケーションを取り、現場を信頼してもらっている関係もいいのだと思います」

片野坂はつねづね、クラブとの二人三脚を強調する。2020年、西山の肩書きが強化部長からゼネラルマネージャーへと変わった。クラブの哲学確立について問うと、こんな答えが返ってきた。

「まだ監督の色のほうが強い部分もあるのかなという気がしていますが、クラブとしては本当はそれじゃいけないんですね。監督が交代しても哲学を継続できれば、それこそがもしかしたら僕の色になっているということなのかもしれません。といっても、僕と監督とは同じ期間を歩んでいるんですが」

プレーヤーとして、フロントスタッフとして、そして経営陣の一員として、2002年からトリニータに関わり続けている西山は、クラブの歩んできた道のりを踏まえた上で、堅実にその先を築こうとしている。

◆成長は足並みを揃えつつ◆

築いたものを継続しながら積み上げ続けることで、効率的にチームの力を向上させることが出来る。その軸をブレさせないための秘訣は「つねに立ち返る場所を確かめ合うこと」だと西山は言った。

「負けたときは、僕は現場には何も言わない。ただ、いい試合をして勝ったときに『これこそ目指していたものですよね』と監督たちと話す。僕の仕事は現場をオーガナイズして気持ちよくやってもらい、より力を出してもらうこと。悪いときにはいいときのことを鮮明に思い出してもらいたい。いいものを明確化して、悪いときには修正するのではなく、そこに戻りましょう、と確認します」

トリニータにとっての「立ち返るべき場所」とはどこなのか。

2016年、片野坂が監督に就任するにあたり、西山は新指揮官にクラブの求めるサッカー像を伝えていた。

「たとえば育成だったり、アグレッシブなサッカーをやることだったり。後ろから人が追い越して、どんどん前に湧いてくるだとか、相手より走るだとかいった『たくましいサッカー』が、大分のサポーターは好きです。それはこれまでもずっと言ってきたことなんですけど、それを当たり前に出来るようにしたいんです、と。それをベースに、過去にさまざまな監督と積んできた経験で色付けしてくださいとお願いしました」

それをスタート地点に、現場とフロントがコミュニケーションを密にしながらそのときどきに応じて指針を定めてきたことが、片野坂＝西山体制になってからの流れをたどってみるとよくわかる。

なにがなんでも一年でJ2復帰しなくてはならなかった2016年。シーズン途中で若干の戦術シフトも余儀なくされつつ昇格を果たしてからは、クラブの経営状況に照らし合わせながら徐々に強化費を増額する。同時にチームは新たなスタイルを構築しながら、J3からJ2へ、J2からJ1へと着実にカテゴリーを上ってきた。正のスパイラルを描いたのは相互作用だ。

大前提の指針として示されるゲームモデルが、より具体性を持ってチームの個性を生み出していく過程には、どのような力が働いてきたのか。所属するプレーヤーの特徴なのか、指揮官の哲学なのか。２０２０年のオフ明けに、そう問われて片野坂は答えた。

「そうですねえ……両方あるといいですね。僕の哲学自体もシーズンごとに。サッカーって生きものだと思いますし、そのときどきでいろんなトレンドがあると思うんですよね」

2018年シーズン終了後のオフに、片野坂はスペイン研修に出かけた。トレーニングや試合を見て、さぞかし最先端の戦術や理論から大いなる収穫を得たのだろうと思っていたのだが、それについての第一声は意外な一言だった。

「メッシがすごかった！」

もちろん世界のトレンドに関しても感じるところはあったそうだが、指揮官が最もインパクトを受けたのは、プレーの強度だったという。

「やはりそこがJリーグとは違っていて、あれが世界レベルなんだなと。僕らがJ2からJ1に上がるにあたっても、J1の強度と質との両方を体感することになると思います。そのレベルにどれだけトリニータが近づけるかがすごく大事。強度を上げていくというところでは、選手の質と、選手がそれにどういうふうに取り組むか。そして僕の哲学として、グループとして攻撃・守備を合わせてやれるかというのが大事になってくるかなと」

カテゴリーが上がるに伴い、クラブの財政事情も含めチームが置かれた状況や、求められる結果と内容も変わってくる。世界ないしはリーグにおけるサッカーの潮流を見ながら、望んだプレーヤーを獲得できたり引き止めるべき主力が流出したりしながらともに戦うことになった選手層で、いま、何を求めて戦っていくか。

「だから僕自身もサッカー戦術の幅を広げていかなくてはならないし、状況によって狙いを合わせていけるようどんどん取り組んでいくことも大事。選手のクオリティーをトレーニングで上げる部分もありながら、オフにはクオリティーを持った選手や強度を保てる選手を入れていくことも大事になります。その両方を求めていくことによって、J1で定着し、これまで以上の成績を上げていく。それがスタンダードになっていけば、必ずトリニータも、さらに上のACL圏内やタイトルを狙えるチームにまで成長すると思います」

かつては背伸びするあまり財政難に陥ったこともあるクラブはその後、足元を見ながら堅実に成長していくことを誓った。その成長と足並みを揃えるように、チームもコツコツと積み上げながら上を目指している。

第４章

目標達成への
マネジメント

◆◆◆ 目標とルーティン ◆◆◆

片野坂は就任以来毎シーズン、スタート時に設定した目標を着実にクリアしてきた。

２０１６年はＪ２昇格を至上課題に戦い、最終節にＪ３優勝して完遂。

２０１７年はＪ２残留ラインとして勝点45を設定し、第30節にそれをクリアすると目標勝点を56へと上方修正して９位フィニッシュ。

２０１８年は勝点70でプレーオフ圏の６位以内を目標に、勝点76を積んで２位でＪ１自動昇格。

２０１９年はＪ１残留を第30節で達成すると、次なる目標を勝点50の一桁順位に定め、最終勝点は47とわずかに届かなかったものの、９位で終えた。

「まあ、目標の立て方もあるんですけど。決して高望みをせず、最低限クリアしたいところ。そしてクラブのヴィジョンにおける現状と今後なども含め、いろんなことを考えながら、クラブやスタッフと話し合って目標を設定しています。具体的な数字を示すことも大事です」

勝点目標は前シーズンの順位を参考に、そのシーズンの傾向を考えながら設定する。シーズン終了後にその数字が概ね予想どおりに収まっているのも、チーム片野坂の有能なところだ。

シーズン目標は設定するが、長期的なヴィジョンでのコントロールは行わない。強いて言えば「開幕戦から最終節まで同じテンション、同じスタンスで戦う」というのが、長期的視点の根幹ということになる。これはポルト大学のヴィトール・フラーデ教授が創案し、のちにジョゼ・モウリーニョが取り入れたことで広く知られるようになった「戦術的ピリオダイゼーション」という理論に基づくチームマネジメントの一環だ。つねに目の前の一戦に勝利することを目標に、経験値を積み重ねながら、シーズン終盤に向けてチーム状態を右肩上がりに導いていく。

その中で、目標達成に向けての中期的な目安は設けた。2018年ならば、J2全42試合を6試合ごとの7クールに分け、1クールあたりの目標勝点は3勝1分2敗で

10。2019年は、J1全34試合を6試合4クールと5試合2クールに分け、クールごとに勝点8を積むことを目指した。これによりチームはシーズンのどの時期においても同じテンションで安定して戦うことになり、選手たちの心理にも余裕がもたらされる。長丁場のリーグ戦の戦い方として、実に理に適っていた。

それをピッチで実現するための日々のトレーニングメニューにも、様々な理論や方法が複合的に組み合わせられている。

フィジカルトレーニングのベースとなっているのは、オランダ生まれのコンディショニングコーチ、レイモンド・フェルハイエンが提唱する「サッカーのピリオダイゼーション」だ。素走りはせずにボールを使いながら、競り合いやスプリントといったサッカーならではのプレーにおいて求められる瞬間的な身体機能を強化する。また、連戦のときを除いてほぼ週に一度のペースで「オールアウト」が試合と試合の間に挟み込まれる。そのときどきでコートの広さや人数によって負荷を調整しつつ短いインターバルで断続的にゲームを行い、体力の完全燃焼と回復を繰り返しながら疲労回復機能を高めていく。これら一連のルーティンを続けることで、シーズンを通して怪我せず、試合で100％の力を出せる状態が作り出せるという理論で、片野坂はガンバ大阪コーチ時代にこれを学んだ。トリニータでの監督就任当初はクラブの事情でフィジカルコーチと契約できず、片野坂が自ら取り仕切っていたが、2019年からはガンバのアカデミーでこの理論を実践していた佐藤淳フィジカルコーチがチームに加わり、より充実した体制で行われることになった。

さらに、2018年からは「ライフキネティック」も本格的に導入された。ドイツの運動指導者ホルスト・ルッツ氏が開発した運動と脳トレを組み合わせたエクササイズで、運動に直結する脳の可動域を広げ活性化することを目的とする。任意の国名を言いながら色分けされたボールをパスし合ったり、手とは逆の足を動かしながらお手玉を投げ合ったりといったゲーム性の強いメニューの難易度を段階的に高め、認知し判断するスピードや正確性を向上させていく。身体能力の限界を脳で補うという考え方だ。週の立ち上げが二部練習の場合、選手たちの精神的なリフレッシュも兼ねて、午後の部がライフキネティックに充てられている。

◆◆◆参謀による抜かりなき準備◆◆◆

こういったサッカーそのものやその指導にまつわる最新理論を幅広く網羅しているブレーンが、チーム片野坂にはいた。ポルト大学で創案者のヴィトール・フラーデ教授じきじきに戦術的ピリオダイゼーションを学んだという強者、安田好隆だ。

母校の國學院久我山高サッカー部を引退すると同時に学生コーチとして指導者の道を歩みはじめ、大学に通いながら後輩たちにサッカーを教えた後、横川武蔵野FC(現・東京武蔵野シティフットボールクラブ)で育成年代のコーチを務めた。2007年夏にはアルバイトで資金を貯めて単身、メキシコへ。3つのクラブでアカデミーの指導にあたり、2010年にはチェトゥマルFCでトップチームのコーチとして働く。

そうやって見識を広める中でたまたま手にしたのが、スペイン語で書かれた戦術的ピリオダイゼーションの本だった。その理論に惹かれた安田はいてもたってもいられずポルトガルへと渡り、2011年9月、ポルト大学スポーツ学部大学院に進学。創案者であるフラーデ教授に師事した。

2014年、あとは卒業論文を書くだけというタイミングで東京ヴェルディからコーチ就任のオファーが届き、卒業せずに帰国して三浦泰年監督の右腕となった。翌年は吉田達磨監督の誘いを受けて柏レイソルU－18で下平隆宏監督の下につき、2016年は吉田監督とともにアルビレックス新潟で戦術的ピリオダイゼーションをベースに戦った。片野坂と出会ったのは2017年、当時強化部長だった西山哲平に声をかけられてトリニータへやってきたときだ。

知識欲旺盛な安田は、片野坂が就任当初からトレーニングに取り入れていたレイモンドのピリオダイゼーションも学び、さらにライフキネティックの公認トレーナー資格も取得した。

「僕の中でつねに最上位にあるのは戦術的ピリオダイゼーションですが、いまトリニータではレイモンド寄りのトレーニングをやっています。監督に合わせて出す引き出しを変えている。何にでも対応できる状態にしておくのがコーチの仕事だと思っているので」

知識欲のままに安田の引き出しは増殖していくが、いずれについても、学んだ理論をそのままの形で実践するわけではないのが安田のポリシーだ。頭の中にある膨大な理論や知識は、それを落とし込む対象である目の前の選手たちに合わせた形でアウトプットされる。

「難しい理論を、プレーヤーは知らなくてもいいんです。僕たちがそれをわかっていて、プレーに必要なことを選手たちに伝えればいい。僕らが彼らに対して出来る仕事は、プレーしやすくしてあげること。戦術的にどう戦うか、どうプレーしたらその選手の良さが出てチームの中で生きるか、チームの良さが出て相手より優位に立てるか。それを整理して伝えるところにパワーを使うんです」

サッカーは意思決定のスポーツだ。特にカタノサッカーでは、臨機応変に判断することが求められる。それをサポートするのが自分たちの仕事だと安田は言う。

「試合中、何も手がかりがない中で考えるのと、半分くらいはトレーニングで予習できていて残りの半分を考えるのだったら、後者のほうがずっとプレーしやすい。だから映像やトレーニングで予備知識を伝え、習慣づけた状態で試合に挑ませると、戦術的負荷、つまり90分間で疲れる量が全く違ってくるんです。そして、人が判断を誤るのは想定外のことが起きたとき。だからあらかじめ想定の範囲に幅を持たせておいて、ピッチで選手たちに決めさせるようにしています」

カタノサッカーというスタイルを大前提に、それらはミーティングとトレーニングを通じて選手たちに落とし込まれていく。片野坂以下コーチングスタッフは毎試合、総力を挙げて準備に取り組んだ。

まずは対戦相手の試合映像や情報を分析してその戦い方やゲームプランを予測し、出場するプレーヤーの特徴を把握する。次に、それに対してチームがどう戦うかを考え、どの選手を起用し、どのように90分間をマネジメントするかを設計していく。その両者がぶつかったピッチで起こりうる現象を想定してあらかじめ選手たちに伝え、その際の選択肢をいくつか準備しておくのが戦術練習だ。

「今週の練習でやったとおりのことが試合で起きた！」

選手たちが試合後に興奮気味に話すことが増え、成功体験が積み重ねられた。もちろん、準備していたことが上手く行かないケースもあるが、それはそれで経験値として糧になっていく。

トレーニングのメニューにおける戦術要素の占める割合は、試合に向けて、またシーズン終盤に向けて、徐々に大きくなった。直近の試合に向けて、あるいはチーム状況によっては、週の前半のパス&コントロール練習から戦術的狙いを孕ませることもある。また、チーム始動時から原理原則を落とし込むために行われる基礎的な練習は、浸透してくればそこに時間と労力を割く必要が少なくなり、そのぶん対相手戦術的に専念できるようになる。

実にアカデミックでシステマティックに体系づけられたルーティンの積み重ねがチームの成熟度を上げていく。

◆◆◆ 言葉は整理された思考の結晶だ ◆◆◆

プレーヤーにとって試合中、意思決定の拠りどころになるのはゲームモデルだ。ただ、あくまでもそれは全体の方向性を示すものであり、それを手掛かりに判断を下して実行に移すのはプレーヤー自身となる。ピッチでは想定の内外で起きるさまざまな現象に対し、選手たちは選択を迫られ続ける。

就任当初から片野坂は、指導において、言葉によるアシストを極力少なくしようとしているように見えた。指揮官が与えた型枠の中でプレーするのではなく、選択に幅を持たせた中からプレーヤーが自ら選ぶことを望んでいた。練習や試合の後で攻撃の場面を振り返って、「この選択とは別のアイデアもあったよね」と伝えることはしても、それを押しつけることはしない。

逆にポゼッション練習のときなどにグリッドの脇で休むことなく送り続ける言葉

は、いたってシンプルで直截的だ。「幅を見て、奥行きを見て、正確に！」という繰り返しは、指揮官の声のままに選手たちの体に染みついていく。ゲームモデルの基礎を成す部分に関しては明確に指示し、それに則して柔軟に判断すべき部分では手綱を緩めておく。そのメリハリの境界が、はっきりしていた。

まさにカタノサッカーの真髄に触れる部分について、ある日、片野坂はこう説明した。

「ある程度『攻撃はこうしよう』とか『守備はこのラインから誰が入れていこう』とか、そういう決まりがあったほうが、選手にとってはわかりやすいんですよね。そっちのほうが戦術が具体的にあると言えるんですけど、僕は、戦術の具体的な型はあまり持たない。つねに相手があって、ボールがどこでどういうふうに持たれているのか、相手がどこにいるのか、そういったいろんな情報を入れた中で、11人が『じゃあこのときはこうだよね』『こういうときはこうだよね』『ポジションはここだよね』『守備はこうだよね』という判断を合わせるのが、トリニータのサッカーです。その判断が早く賢く出来る選手がこのチームには必要だし、そういう選手がプレーするからちょっと特殊な感じのサッカーになっていくのかなと思います」

いくら決断を下すための指針があるとは言っても、ピッチに立つ11人は別々の脳を持つひとりひとりだ。その彼らが、相手の陣形や戦い方、プレーヤーのタイプや立ち位置、さらにはそのときどきのピッチコンディションや気象状況までもひっくるめたあらゆる状況の中で、ひとつの局面を迎えるごとにオーガナイズされた動きを繰り出す。狙いが成功するか否かの分岐点は一瞬のタイミングだ。「意思疎通」と言えば一言で終わってしまうが、共通理解したものを表現するためには実にさまざまな力量が求められる。

プレーヤー個々と組織とでそれを培うために、ひとつひとつのトレーニングメニューには多彩な要素が複雑に取り込まれている。試合で起きるであろう単純ではない数々の現象に近い状況をトレーニングから生み出していくことで、選手たちは判断を問われ続け、ともにプレーする仲間たちと経験を共有しながら共通理解を深めていく。これこそが安田の言う「習慣づけ」であり、それによる自動化が、試合中の戦術的負荷を軽減することにつながっているのだ。

だから選手たちはトレーニング中、絶えず話をしていた。特にゲーム形式のメニューを終えた後は、すぐに2人以上のグループが、グラウンドのあちこちに出現する。思い思いにストレッチしながら、あるいは身振り手振りを交えながら、ゲームの中で起きた事象と、その場面での自分の選択について、互いの考えをすり合わせる。

「大事なのは選手がちゃんと自分の考えを言えるかどうかだと思います。『自分はこう思ってるけどどう?』『こういうときはどう?』『こういうときはこうだよね?』と言えることが大事。それだけ言えるということは、考えながらプレーしている、ちゃんと状況が見えているということで、見えていないと喋ることも出来ないですから」

ミーティングを重ね、グラウンドでのすり合わせを重ねる中で、選手たちの言語能力は如実に高まっていった。それは意図を持ってプレーしていることの証左だ。たとえば試合後のミックスゾーンでフィニッシュの精度不足について問えば、言葉で詳細に場面を再現しながら、どういう狙いがどこでズレて成功しなかったかを、論理的に答えることが出来る選手が増えた。

感覚的に済ませていたことを意識的にコントロールすれば、世界はそれだけ自分のものになる。そこにあるのは、より建設的な未来なのだ。

◆◆◆ 繰り返し伝えられるキーワード ◆◆◆

幅を見て、奥行きを見て、正確に。

トレーニング中のシンプルな言葉の繰り返しにより原理原則を習慣づけるとともに、そのときどきで選手たちに意識づけしたいことを象徴的な単語で伝え続ける。そういうキーワード的な言葉が、片野坂の指導ではよく見られた。

たとえば「最大値」という言葉がそのひとつだ。

「目の前の一戦一戦に集中し、いま持っている最大値を出して勝点3を積み上げよう」

意味合いの上では「全力」という言葉でも構わないようだが、「最大値」という数値を彷彿させる表現をセレクトすることで、選手たちの中にはより具体的なイメージが立ち上がりやすくなる。手垢のついた「全力」よりも耳新しい「最大値」のほうが印象にも残りやすい。

また、「粘り強く我慢強く」というフレーズも、ミーティングや取材対応の場で数多く発された。「粘り強く我慢強く」はセットであり、ほぼワンフレーズとして使われる。どちらか片方でもいいような気もするが、「粘り」と「我慢」は若干、ニュアンスが異なるようでもある。「粘り強く」は守備で「我慢強く」は攻撃なのかとか、受け取る側としてはいろいろと考える。いずれにしてもこの脚韻を踏んだ6連符2連発のリズミカルなフレーズは、耳に心地よく、口にしやすく、忘れがたく意識に刻まれる。

ひとつの組織において、組織内だけで通用する共通言語があることは、伝達の効率性を高めるだけでなく、組織の結束力を高めることにもつながる。多くのリーダーがその手法を用いている例に漏れず、片野坂もそれを効果的に取り入れていた。

そしてもうひとつ、「大分のために」という言葉を使いながら片野坂がことあるごとに選手たちに言い聞かせていたのが、サポーターやスポンサーをはじめとした、クラブを取り巻く多くの人々からの支援や応援を忘れずにプレーするということだった。

大分トリニータは、2002年日韓ワールドカップ招致を目指して1994年、任意団体として発足した。その当初から地域密着を謳い、県民・企業・行政の三位一体で一致団結して戦っていくことが、チーム名の由来にもなっている。企業クラブとは異なり、経営の後ろ盾を持たない地方クラブとして、一気に規模拡大を企図する性質ではなかった。2003年に初めてJ1のステージに立って以来、そこで戦う権利を維持するために、またタイトルを獲得するために、背伸びし続けたツケが2009年に一気に押し寄せ、存続の危機に陥ったこともある。そこから立て直しを図る中で、2012年にはクラブライセンス制度やJ1昇格プレーオフ制度の導入を梃子に、地元政財界や県民から総額3億円にも上る支援を募った。経営再建中にJ3に降格してまたもや緊急事態となったが、それでも支援を続けてくれたスポンサーや応援に駆けつけてくれたサポーターのおかげで、トリニータはいまも戦うことが出来ている。

現役時代に在籍し、引退後に指導者としての出発地点となったトリニータに、今度は現場の最高責任者として、危機を乗り越えるためにすべてを注いできた片野坂だからこそ、「大分のために」という言葉は特別な質量を持ち、それも年々、増していくようだった。

「支援してくださる方々、応援してくださる方々の期待に応えられるように」

「見ていただく方々に元気を届けられるようなゲームを」

そう言って試合に臨み、試合後の記者会見では必ずその冒頭で、勝てば「みなさんの後押しのおかげで勝利することが出来ました。勝点3をプレゼントすることが出来てほっとしています」と喜ぶし、負ければ「残念ながら負けてしまい、支えてくださるみなさんに大変申し訳なく思います」とうなだれた。

サポーターのために、スポンサーのために、仲間のために。そういった言葉に込められた思いがどれだけの本気度を持つのかは、それを口にする各々の性格や、人生経験や、覚悟の度合いによって変わってくるだろう。だが、片野坂が日々繰り返し説き続けることで選手たちの意識も高まるようで、取材対応時などに周囲への感謝を欠かさない選手が、確実に増えた。

そしてそういう思いは、プレーへのこだわりや勝利への希求、味方同士で支え合う組織的サッカーへと還元されていくはずだ。多分それを心から信じ、実践している片野坂の熱が、周囲へと伝わっているようにも感じられる。

◆◆◆バックアップメンバーの献身と憂愁◆◆◆

特に攻撃陣に関してはメンバーを固定しないのが片野坂の選手起用法だった。勝利した次の試合はその流れを継続するために前回と同じメンバーで戦うという、いわゆる「勝ち流れ」も、ジンクスに頼った采配も行わない。一試合ごとに選手の評価をリセットし、オフ明けの初日からフラットな状態で全員を見渡して、コンディションや調子のいい選手を見極める。その中から、次の試合での狙いに合わせてメンバーを選び戦いに臨む。対相手の観点をもとに質的優位も考慮される。前節の先発から一転、今節はメンバーを外れたり、出場機会のなかった者がいきなりスタートからピッチに立たされたりということも、日常茶飯事だった。

2018年シーズンから本格化したこの起用法が浸透するまで、選手たちはモヤモヤした感情を抱くことを避けられずにいた。

「前の試合で点取ったのに、なんで今節はいきなりメンバー外？」

「このあいだ上手く行ったことを、どうして変えるの？」

そういう経験がないため、時に戸惑いの声も上がった。だが、指揮官の意図は次第に選手たちにも理解されていく。

トレーニングでいいパフォーマンスを見せれば大抜擢もあり得る。いつ自分に出番が巡ってくるか、メンバーから外されるかがわからないので、シーズンを通して気を抜くことが出来ない。出場機会を得た選手は、先発か途中出場かに関わらず、ピッチに立つ11人とベンチに入る7人のすべてに、ゲームプランの中でそれぞれ想定され与えられた役割がある。ひとりひとりがそれを理解し全うすることが、カタノサッカーの組織戦術の基本だ。

だが、メンバー入りした18人だけが必要とされたわけではない。その試合ではベンチ外になった戦力も、欠かせない存在だった。

主導権を握ってボールを動かしながら攻め全員で守るというチームコンセプトをベースに、対相手戦術を施して戦うカタノサッカーではしばしば、紅白戦などの戦術練習においてメンバー外の選手たちがいかに仮想・相手チームとしてその動きを再現できるかが重要になる。コーチ陣は綿密なスカウティングをもとに、両軍がぶつかったときにピッチ上でどういう現象が起きるかを予測し、そこでの対応や狙いどころを想定して自チームに落とし込む。その際に、メンバー外の選手たちが演じる相手チームがその動きをより正確に表現できれば、試合のシミュレーションの精度もそれだけ高まることになる。そもそもプレーヤーが異なるので完全に再現することは不可能だが、特にスペースの生まれやすいところや効果的な立ち位置を確認するためには、メンバー外の彼らも18人のメンバー以上に、試合の狙いどころを理解していなくてはならない。

片野坂は勝利した試合後の会見でも、メンバー外の選手たちへの労いと感謝をよく口にした。

「18人だけでなく全員が、この試合に向けて準備してくれたからこその勝点3です。とりわけ紅白戦で、控え組がいい仕事をしてくれました」

ただ、トレーニングではチームの勝利のために献身的に対戦相手を演じても、やはり選手個人にしてみれば試合に出たい思いは変わらない。

2018年は年齢が高く経験豊富なレギュラークラスの新戦力を多く獲得してポジション全域で選手層が厚くなったぶん、チームマネジメントの難易度がぐっと高まったシーズンだった。その方針はその後、さらに傾向を強めていく。

勝てている時期はまだいいのだが、思うように勝点を積めない試合が続くと、問題は表面化しやすくなる。試合に絡めない選手のストレスがチームにネガティブな影響を及ぼさないよう、コーチ陣はいつも細やかに、選手たちのメンタル面にまで気を配っていた。必要だと思えば片野坂自身が、メンバー外になった選手と話をする機会を積極的に設けた。

「選手がピッチの上でどういうパフォーマンスをしているか、どういうふうにやろうとしているか、どういう姿勢でやってくれているかが大事だと思います。試合に絡んでいる選手は充実しているし、勝てればさらにいいシーズンになるのでしょうが、なかなか試合に絡めない選手がどういうモチベーションでどういう行動でチームに貢献してくれているかという部分が、全員が同じ方向を向いて戦うためには非常に重要です。だから、選手の表情や心理状態、取り組み方を逐一見てきました」

自身の起用法が選手たちに精神的負荷を強いるものであることを十分に自覚し、苦しい時期にも歯車を狂わせないために心を砕く片野坂は同時に、選手たちにプロとしての責任感と自負を求め、各自の成長を要求した。

「試合に出られない理由は何か。周りのせいにするのではなく、つねに自分に矢印を向けて取り組んでほしい」

チームでの目標達成に向けて、選手たちも辛抱強く日々を重ねた。ときにストレスが感情になってあふれ出しそうになることもあったが、すぐにチームメイトがフォローした。陽射しの照りつけるグラウンドで極力淡々と力量向上に努めるチームは、そうやって選手個々としても組織としても、粘り強く、ものごとに動じない大人のメンタリティーを養っていったようだった。

その中で感じていたジレンマについて、ある日、三平和司が率直に語った。

「もちろん、監督の意図を理解した上で監督から見て使いやすい選手でいるのがいちばんいいのかもしれないけど、やっぱり選手はロボットじゃなくて感情がありますから、難しさもありましたね。それにどんなに理解力があったとしても、結果を残しているのに替えられたとき『なんでだよ』っていう感情にならなかったら、プレーヤーとしてそこから上には行けないと思うので。なにくそという気持ちがないとプロではやっていけないですから。そういうところがすごく鍛えられて、試合に出られない悔しさを練習にぶつけることができました。この年齢になってそういうところが成長できたのはよかったと思っています」

すでにベテランの域に達している三平は、その明るいキャラクターで、後輩たちの面倒も人一倍見ていた。他にも大人の人格を持つ選手たちが中心となって、それぞれのやり方で陰になり日向になりしてチームを整える。たとえ試合に出すことは出来なくても、片野坂はそういう選手たちをよく見ていて、折に触れ彼らへの感謝を口にした。

試合に絡めたり絡めなかったりする中で、「このチームでは公式戦メンバーに入れなくても、カタさんが選んだメンバーであれば、自分に足りないものがあるからだと素直に納得してまた頑張れる」と、ファン・ソンスが話したことがある。選手にそういうふうに思わせるだけの信頼関係が、きちんと培われているのだった。

◆◆◆マネジメントの難易度◆◆◆

J3、J2、J1とカテゴリーを上がるにしたがって、戦術のみならずサッカーへの向き合い方においても、片野坂は選手たちに求めるレベルを意図的に高めていった。それは同時に片野坂が自身に課したものでもあった。

2019年シーズン、初めてJ1のステージに挑むにあたり、片野坂は選手たちに対して情を持たないように努めたと明かす。

「ああいう起用法を採る中で、やはり情があると采配や起用にも影響してきますからね……。人って、やっぱり嫌われたくないですし、相手に嫌なことを言うのも嫌なんですけど、それを『自分は嫌われてもいい。それがチームのためになるのだったら』と、まずチームを優先に考えるようにしたんです。本当はひとりひとりにいろいろと話をした上で、メンバー外にした理由もちゃんと理解してもらって、その上で次に向けて切り替えてやってほしいところもあるんですけど、それでも選手としては『自分はちゃんとやっているのに何故選んでくれないの？』と思うでしょうからね。そこでそれを説明しても多分、彼らには僕の言い訳にしか聞こえないんじゃないかと思うんです。そして、そんなことを話している時間もない。そこで、情を捨てることによって『きみたちはJ1という厳しいところでやっているんだよ』というメッセージにもなるのかなと」

試合に絡めなかったとしたら、それは単純に自分の実力不足かもしれないし、チーム事情によるものであるかもしれず、あるいは戦術上の都合という場合もある。理由や要因を冷静かつ客観的に分析するためには対相手の部分も含めたチーム戦術を理解し、その上で片野坂の言うように「自分自身に矢印を向ける」ことが必要だ。

「厳しい場に挑む中で、どれだけ気持ちを切り替え、もう一度自分を奮い立たせて次のゲームに向けモチベーション高く取り組めるかどうかが、J1ではすごく大事になってきます。それが出来る選手は残っていくし、出来ない選手は消えていく。そのへんを、ある程度は自分の中で線引きするような見方をして、我慢強く戦っていかなくては、J1では厳しくなるだろうと考えていました」

戦術的なことに関しては選手たちと個別に話し合う機会を作り、互いの考えを擦り合わせる作業を継続したが、トレーニングへの取り組み方については、J3やJ2で戦っていた頃とは違い、本人に直接働きかける手厚さを敢えて放棄する。最初は〝J2オールスターズ〟と呼ばれた選手たちが、J1での日々を過ごす中で、少しずつJ1のプレーヤーへと変貌していくように。それもまた片野坂たちコーチングスタッフの、指導者としての挑戦の一環だった。

片野坂は怪我をした選手や、筋肉などに違和感を訴えた選手に関しては軽症の段階で通常メニューから外し、回復後に復帰させるにあたっても慎重だ。メンタルに関しても同様に、プレーヤーを大事に扱おうとする。

通常は週の立ち上げのトレーニングから戦術的な要素を取り入れ意識づけしていくルーティンを組んでいるが、敗戦などで選手たちのメンタルが充実していない日には、パス&コントロールも戦術的なものではなく、シンプルでテンポよく心地よくプレーできるものを選ぶ。「そうやって成功体験を増やし、自信を回復させる狙いを持たせたりもします」というのが安田の説明だ。

そういう細やかな気遣いを欠かさずに、難易度の高いマネジメントは続いた。コーチ陣によるその手腕も見どころのひとつだったが、それらの核には、片野坂が選手たちによせる信頼がある。

片野坂はいわゆる〝懲罰交代〟をしない。もちろん、試合中に繰り返しミスをしたり、ミスによって平常のメンタルを保てずまともにプレーできなくなったりすれば別だが、特にトライのためのミスに対してはポジティブに捉えた。

「だって、一度ミスした選手はその後はミスしないように気をつけてプレーするでしょう?」

片野坂は不思議そうにそう言う。

「だからそういうミスでの交代はさせません。自分も選手だった頃、ミスしたら次の試合では絶対にミスしないようにとさらに注意深く準備していましたから。僕は、そこに懸けます」

◆◆◆何をあきらめて何を得るか◆◆◆

片野坂のそういう考え方がダイレクトに透けて見えたマネジメントが、2018年J2第16節・ヴァンフォーレ甲府戦に2－6で大敗した後のチームの立て直し方だった。

トリニータの後方からのビルドアップにおけるボールの動かし方を完璧なまでにスカウティングしていたヴァンフォーレは、前線から激しく勢いあるプレッシャーをかけてトリニータのミスを誘う。3分、4分、6分と、似たような形から立て続けに失点して選手たちは呆然。その試合にシャドーで出場していた馬場賢治は後日、苦笑混じりにこう振り返った。

「いやもう開始早々のことで、時計を見たら3、4分で2、3点取られていた。もう4、5点目は無でしたね。そういうのって、なかなかないですから。正直、あのシーンで前線の僕らが助けることは難しかった。多分、うちのサッカーではああいう場面で、観ている側からしたらヒヤヒヤするシーンも多いと思うんです。でも、やっている自分たちからしたら、あそこをかいくぐるという練習をいままで積み重ねてきているので、出来なければいけない部分でもある。僕としては、チームとしてあの失点を責めるよりは、2、3失点したあとのチームのおどおどした雰囲気のほうが、もったいない気がしました」

キャプテンの鈴木義宜がすぐに円陣を組み、ビルドアップを続けるか割り切って蹴って逃げるかの意思統一を図ろうとしたが、その後も冷静さを欠いた状態には歯止めがかからず、15分、27分とさらに失点を重ねた。

馬場が「いつもはボールを受けたがるのに今日は受けたがらないとか、前を見れなくなっちゃうとか、明らかに違っていた」と感じていたピッチを前に、コーチ陣はコーチ陣で、ベンチで火急的ミーティングを繰り広げていた。

すでに5点差となり、現実的に考えれば勝点を取れるゲームではなくなっている。ではこの試合の位置づけをどうするか。リーグ終盤の順位争いには得失点差も関係してくるから、少しでも傷口を小さくするために、成熟に向けて積み上げている最中のチームスタイルは一旦忘れ、なりふり構わず得点を取りに行くという選択肢もある。だが、相手のプレッシャーを受けるリスクを前提としながらビルドアップしていくスタイルにチャレンジしているチームが、この展開になったからといって戦い方を変えることが、その後の選手たちのメンタルやサッカーとの向き合い方に及ぼす影響も気になるところだ。

差し迫った雰囲気に包み込まれたベンチで、片野坂を後押しするように言い切ったのが安田だった。

「今後もこのスタイルで戦い続けていくなら、いま点差が開いたからといって戦い方を変えて逃げて、たとえばそれで得点したとしても自分たちの形ではないですからね。それよりも自分たちの戦い方でトライして、そこで得られるものを選んだほうがいいんじゃないですか」

ヤスがそう言ってくれたんですよ、と片野坂は試合後に明かした。

「確かにそうだなと思った。まあ、失ったもののほうが大きいんだけど、得られるもの、次につながることにチャレンジしたほうがいいんじゃないですかとね。4点差、5点差をひっくり返すのは至難の業でも、あきらめずに自分たちの戦いに集中させてトライさせること。とにかくそっちに切り替えてやらせるようにしたんです」

前半のうちに馬場のゴールで1点を返すと、後半は展開型ボランチの宮阪政樹を機動力のある川西翔太に、相手との細やかな駆け引きでチャンスを作る1トップの三平和司をスピードと勢いのある伊佐耕平に交代し、戦術のテイストを変えて臨んだ。点差が開いたことと前半に飛ばしすぎたことでヴァンフォーレが自陣にブロックを構えたため、後半の課題はボールを握りながらその壁を攻略するチャレンジへとシフトしたが、これだけの大差がついた中でも、選手たちは試合終了のホイッスルまで戦意を失うことなく攻め続けた。

「まあ、大敗はしたんですけど。でも、チームとして、時間の使い方やプレーの仕方について、こういうときにはこうしようという約束事をまたひとつ新たに増やせたので、それをここから生かせればいいのかなと考えています」

と、散々な試合の後で、馬場は収穫を口にした。

だが、問題は次の試合だ。続く第17節はロアッソ熊本戦で、ヴァンフォーレ戦と同じく3―4―2―1同士のミラーゲームになることが予想される。ヴァンフォーレ戦を見て、ロアッソも同様にハイプレスをかけてくることは容易に想像できた。それならビルドアップに関わるボランチより後ろの選手たちの顔ぶれを変えたほうがいいのかもしれない。だが……と、迷いは膨らむ。一般に大敗した次の試合を、対戦相手は嫌がる。大敗した流れを変えるためにメンバーや戦い方をガラリと変えるケースが多いので、対戦する側としてはスカウティングしづらい。ロアッソがそこをどう読むか、そして片野坂が今回はどう戦うか。その駆け引きも注目されるシチュエーションになっていた。

ヴァンフォーレ戦の大敗はやはり選手たちにとって大きなダメージとなっている。それを払拭するように、守護神の高木駿は、伸ばしていた髭を剃ってオフ明けのトレーニングにやってきた。すると同じ朝、ゴールキーパー仲間の兼田亜季重も、髪を丸刈りにしてきた。ヴァンフォーレ戦で兼田はメンバー外だったのだが、大量失点の痛みはキーパー4人全員で受け止めようと、トレーニング終了後には「キーパー会」と称して焼肉ランチにも出かけた。

フィールドプレーヤーたちもそれぞれに、気持ちを切り替えるために自分なりに考えているようだ。グラウンドの雰囲気は、暗くはないのだがどこか重苦しさを断ち切れていないようでもある。

この状況で、片野坂はどういう選択をするのか。

固唾を飲んで見守った一週間を経て、ついにロアッソ戦キックオフ2時間前。発表されたメンバーは、戦術の狙いに合わせて1トップを三平から伊佐に替えた以外、シャドーより後ろはヴァンフォーレ戦と同じ顔ぶれだった。

チャレンジさせるのか……。

失った自信は自分たちで奪回するしかない。一週間のトレーニングで修正は施した。あとはピッチで頑張れ。そういうメッセージが込められている気がした。ただしこのとき片野坂は、自分たちのスタイルを折れずに追求していくことと同時に、選手たちに「危なくなったら蹴ってもいい」という〝逃げ〟の選択肢も与えていた。なんとしても勝たなくてはならない試合。立て直すには格好の舞台だ。挫けそうになった自信を取り戻すためにも、これまでに培ってきたスタイルを貫いて戦い、勝点3を掴み取りたかった。落ち着いて奥行きを見定め、判断してプレーすること。球際への寄せを緩めず、明確な基準の下に意思統一すること。そうやって攻守両面であらためてチームコンセプトを徹底し、チームは決戦に臨んだ。

立ち上がりから相手の背後を突いてテンポよくボールを動かし、バイタルエリアでは斜めの動きを多用して相手守備網を崩した。インターセプトからの速い攻撃も繰り出して何度か好機を迎えた中で、先制は23分。エリア内で伊佐が粘り、後藤優介がつないで松本怜が送ったクロスを、伊佐がスルーした背後で最後に馬場が押し込んだ。多人数が絡む、組織的でアグレッシブな、カタノサッカーが目指すフィニッシュの形だ。

1点リードして折り返した後半、ロアッソはポジショニングに修正を加えて擬似4

バックシステムとなり、試合の流れを我が物にする。前半とは一転、サイドの主導権はロアッソに渡った。片野坂は岐路に立つ。相手に合わせて4バックに変更し、中盤を厚くして積極的にボールを奪いに行くか。あるいはこのままのシステムで5―4のブロックを敷き、スペースを消しながら要所で潰して逆襲するか。結果、「奪いに行ってかわされたりスペースを与えたりすると危険」という判断を優先して、指揮官は後者を選んだ。

ラスト20分は采配合戦になった。互いにカードを切りながら、チャンスを作り合い潰し合う中で、後半アディショナルタイムにスコアが動いた。相手の縦パスをカットした鈴木が自ら持ち上がり右サイドに展開すると、後藤が落ち着いてループシュート。スライディングしてくる相手守護神の頭上を越えてダメ押し弾を沈めた。

トリニータはこの勝利で首位の座をキープすることになった。だが、それよりもヴァンフォーレ戦の6失点から立て直し、7試合ぶりにクリーンシートで終えたことが大きい。得失点も10まで回復し、選手たちも「これを続けていきたい」と口を揃えた。

のちのち、この試合を振り返って「ほぼ同じメンバーで臨んで勝利したことに鳥肌が立ちました」と伝えると、片野坂は「あのときは本当に、どうするか迷ったんですけどねえ……」と懐かしんだ。「あれこそがカタさんですよ」と安田が笑った。

第5章

勝負のアヤを過たず決断すべし

◆◆◆ はっきりするところははっきりする ◆◆◆

試合終盤には両軍によるさまざまな駆け引きが見られる。追いつきたい側と逃げ切りたい側。勝点1を死守したいチームに、逆に勝点1は失ってもいいから勝点3を狙いに行くチーム。それぞれの目標がせめぎ合い、指揮官同士の息詰まる采配合戦が繰り広げられることになる。

J3時代の片野坂采配では、リードして迎えた終盤に攻撃陣と代えてセンターバックを送り込み、守備の枚数を増やして逃げ切る形も多く見られた。だがJ2で戦うようになってからは次第に逃げ切りの方法が変化し、中盤にボールを持つのが得意で前への推進力があるプレーヤーを投入して、マイボールの時間を増やしつつラインを押し上げて相手を自ゴールから遠ざけるやり方に変わっていった。攻撃的なチームコンセプトに則し、守備のバランスも保ちながら最後まで攻め続ける形だ。

だが、追撃してくる相手のパワープレーをしのいで逃げ切りたい場面では、明確な采配でピッチにメッセージを送った。

２０１８年J2第36節の京都サンガ戦では、２―１でトリニータがリードして迎えた78分、サンガがカイオと田中マルクス闘莉王の2トップにレンゾ・ロペスを加えてトリプルタワーを築くと、片野坂は右ウイングバックの松本怜をベンチに下げてセンターバックの岩田智輝を一列前に出し、岩田の位置には長身の岡野洵を入れてそれに対応した。

それを見たサンガはトリプルタワーを解体して闘莉王をボランチに下げ、それまでボランチに入っていた庄司悦大に代えて前線に機動力の高い岩崎悠人を送り込み、攻撃のテイストを変化させた。片野坂は岩田に、岩崎への対応にあたる岡野をサポートするよう指示を出し、三平和司を藤本憲明に代えてカウンターでサンガの攻撃機会を削る作戦に出た。「守りきるわけではないのだが、相手の良さを粘り強く消して守りながら追加点を狙うプランだった」と、指揮官は試合後に細やかなバランス調整の意図を明かした。スコアが動かないまま残り時間が少なくなる中、サンガのセットプレーのチャンスが続くと、片野坂は左ウイングバックの星雄次を那須川将大にチェンジする。身長177センチながら空中戦に強い那須川にカイオのマークを委ね、4分のアディショナルタイムも那須川の守備力に助けられて、逃げ切りに成功した。

2017年J2最終節のロアッソ熊本戦でも、後半アディショナルタイムに守備を固めて逃げ切りを図ったが、このとき相手の長身センターフォワードへのマンマークという重要な役割を担ったのは、ディフェンダーではなくフォワードの伊佐耕平だった。ロアッソにも長身で屈強なプレーヤーが多く、セットプレーで醸し出す迫力には圧倒される。鈴木義宜と福森直也の長身センターバック2人が跳ね返すところへ、相手はさらに長身の攻撃陣を送り込んで力でねじ伏せにかかってきた。

この試合はトリニータにとって、大事なホーム最終戦でもある。その前節、アウェイでの徳島ヴォルティス戦に敗れてJ1昇格プレーオフ圏を逃し、昇格の希望はすでに絶たれていた。だが、混戦の上位争いにあって、10位のトリニータと9位の横浜FCとの勝点差は2。ロアッソに勝てば、一桁順位に食い込める可能性が残っている。

5―4のブロックで自陣を固めるロアッソを攻めあぐねるうちに、65分、先制点を奪われた。さらに堅くなる守備網をこじ開けるために、片野坂はシステムを4—4—2に変更し、リスクを負いながらミスマッチを作って攻めに出る。徐々に相手を押し込んでいた85分、さらに攻撃色を強めるために清本拓己を投入。その年の3月に右膝前十字靭帯を損傷したドリブラーの、8ヶ月ぶりの復帰だ。サポーターの拍手と歓声に迎えられてピッチに立った1分後に、その清本に決定機が巡ってきた。川西翔太からの浮き球のパスに咄嗟に反応し、怪我の癒えた右足で、飛び蹴りのようなアクロバティックなアウトサイドでのジャンピングボレーを放つ。あまりに劇的な同点弾に、最終戦のホームスタジアムが沸いた。

スコアが振り出しに戻ったことで、ロアッソは長身フォワードの巻誠一郎を投入し、試合終盤のパワープレーに出る。だが89分、伊佐とパス交換しながらペナルティーエリアに進入した後藤優介が倒され、自らそのＰＫを沈めてトリニータが逆転に成功した。意地を見せたいロアッソは、ひたすら前線めがけてロングボールを放り込んでくる。コーナーキック、フリーキックと相手のチャンスが続く中、ゴールキーパーまでが上がってきた。ロアッソの長身選手たちに触られれば再び同点になりかねない。だが、カードはすでに3枚とも切り終えている。

しのぎながら長いホイッスルを待ちわびる状況で、片野坂は巻へのマンマークを伊佐に託した。伊佐は完全にディフェンダーと化し、本職の鈴木や福森に引けを取らぬ果敢な空中戦でこのミッションを完遂する。同時刻、横浜FCがジェフユナイテッド千葉に敗れたため、トリニータは2017年シーズンを一桁順位の9位で終えることになった。

◆◆◆言わずとも伝わる信頼関係◆◆◆

最後まで攻めの姿勢を貫くカタノサッカーでは、逃げ切りたい展開の試合終盤には追撃してくる相手の攻め方によって、中盤にキープ力と推進力を併せ持つプレーヤーを入れてラインを押し上げる方法の他に、前がかりになった相手の背後へ抜け出してカウンターで一気にダメ押し点を狙うやり方も、よく見られる形だ。

味方も相手も、スタートから出ているメンバーが疲労している中、スピードに長けたフォワードを投入し、奪ったボールを素早くその選手に託してカウンターを仕掛ける。ボールを引き出すのが得意な後藤優介や疾走するドリブラーの清本拓己もしばしばその役割を担ったが、勢いと迫力の面では伊佐耕平が抜きん出ていた。

プレースタイルと戦術との関係上、どうしても途中出場が多くなる。先発で出たい気持ちもありながら、伊佐は組織的に戦うゲームプランの中で自身の特長が生かされるこの役割を、よく全うした。

伊佐が投入されたらどういう戦い方をすればいいのかを、チームメイトたちも完全に心得ていた。〝戦術・伊佐〟とも呼ぶべきこの交代パターンは勝利の方程式のひとつとして定型化し、あらためて指揮官が指示を出さずともその意図はピッチで表現された。これもトレーニングと同様、経験を共有し、重ねていく中で浸透する戦術的資産だ。

伊佐のケースとは異なるが、指揮官が指示するまでもなく共通意識の下にチームが一丸となって戦術を遂行した特別な例が、2016年J3第29節のY．S．C．

C・横浜戦、〝ミスター・トリニータ〟こと高松大樹の現役ラストゲームだった。2000年に高卒ルーキーとして加入以来、クラブの経営難を助けるためにFC東京に期限付き移籍した2011年を除いてトリニータ一筋。長身にして細やかな足元を駆使する粘度の高いポストプレーを得意とし、アテネオリンピック代表やオシムジャパンにも召集されてサポーターたちの誇りと信頼を背負った。何かと〝持っている〟男で、クラブ史におけるメモリアルゴールを決めることも多い。キャプテンとしてチームを率いて臨んだ2008年ナビスコカップ決勝では、金崎夢生のクロスから得意のヘディングシュートで先制弾をものにし、初タイトルへの流れを引き寄せると大会MVPに輝いた。

そのかけがえのないバンディエラが、トリニータがJ2復帰を懸けて栃木SCと最後の優勝争いをしていたとき、このシーズンかぎりでスパイクを脱ぐと発表した。もともと怪我の多いプレーヤーではあったが、ここ1、2年はなかなかコンディションが整わず、全体練習に参加できない日が続いていた。最終節はアウェイでのガイナーレ鳥取戦のため、現実的に、ホーム最終戦のYS横浜戦で送り出すことになった。

とはいえクラブの存続のための優勝と昇格が懸かった大事な試合だ。試合終盤にミスターをピッチに送り出すために、俄然有利な展開に持ち込まなくてはならない。自身も痛み止めの注射を打ちながら試合開始と同時に鬼気迫るプレーを見せた三平和司が2得点、後藤優介が1得点を挙げて、後半早々にはセーフティーリードと言える状況になった。時計が80分を指す頃、待ちきれずにゴール裏サポーターたちが高松のチャントを歌いはじめる。片野坂はその声に催促されるように、予定していたより早く高松をピッチに送り込んだ。

高松が布陣の頂点に立ってからは、ボールを持てば全員が高松を見た。ミスターのゴールで花道を飾りたいとボールを集め、相手ボールになると一秒でも早く奪い返せとばかりに激しく守った。残念ながらゴールは生まれなかったが、他会場でAC長野パルセイロが劇的アディショナルタイム弾により栃木SCを下したため、トリニータは首位に浮上して優勝へと王手をかけた。

チームのベースが確立し全員が戦術や状況を把握できているからこそ、そのときどきのシチュエーションによって、あらためて確認せずとも共通意識の下に動くことが出来る。サポーターも加わっての一体感を演出した高松の存在と、この試合に向けて高松のためにと誓い続けたスタッフとプレーヤーが織り成した、これも組織マネジメントの確かさが裏付けされた美しいエピソードだった。

◆◆◆こだわりは貫くが固執はしない◆◆◆

スタッフとプレーヤー間で、またプレーヤー同士でも、言語による緻密なコミュニケーションが重要な鍵を握るカタノサッカーにおいては、外国籍選手をどうフィットさせるかという問題が、しばしば立ちはだかった。

２０１９年にバンコク・グラスＦＣから期限付き移籍加入したタイ代表ミッドフィルダーのティティパンは、もともとタイで取り組んでいたサッカーとの親和性が高かったのか、トリニータによく馴染み、攻守両面での強度を高めた。２０１７年８月から在籍するゴールキーパーのムン・キョンゴンは驚異的なスピードで日本語をマスターし、もはや一部の日本人チームメイトよりも高いコミュニケーション能力を持っているのではないかと疑われるレベルで、流暢に話すことが出来る。

だが、特にブラジル出身のプレーヤーには、自由なイマジネーションでプレーするのを好む者が多い。彼らにとっては言語化された細かい規律を理解し、それに則って戦っていくことも、またそれを落とし込むためのトレーニングも、あるいは窮屈に感じられたのかもしれなかった。どの助っ人プレーヤーも協調性に富み、チームメイトとコミュニケーションを取ることに積極的だったが、カタノサッカーの中で本領を発揮するまでに至ったかと問われれば、やはりスポット的にアクセントとして起用されるにとどまった印象だ。

そういったプレーヤーを片野坂は主にスーパーサブとして、試合最後のひと押しに期待して投入していた。もともと、個人のポテンシャルに依存するあまり、その選手抜きではスタイルが表現できなくなることを好まない。戦術を遂行するためのキープレーヤーは存在するが、特定のプレーヤーをキーマンとする戦い方は追求しなかった。どの選手を起用してもカタノサッカーの輪郭を保って戦えるからこそ、戦力のチョイスによるアレンジは有効になる。

だが、決して多くはないものの、ここぞというときには個のポテンシャルを存分に生かす戦い方も辞さなかった。

2016年、第96回天皇杯大分県予選決勝の日本文理大戦。当時は4—4—2を基本形として戦っていたトリニータだが、この試合には新たなオプションとして、中盤が正三角形の3—5—2システムで臨んだ。それを予想していた日本文理大は4—1—4—1システムで、トップ下の坂井大将にアンカーをぴったりつけて潰しにくる。それに気づくと選手たちは、2トップとトップ下の立ち位置を1トップ2シャドーへと変化させて対応した。それでも慣れない3バックシステムで苦戦していると、片野坂は後半途中でシステムをいつもの4—4—2へと変更。さらに相手が2トップにしてボールを奪いにくるようになると、こちらは中盤をダイヤモンド型へと変えて、トップ下に送り込んだブラジル人ミッドフィルダーのパウリーニョに起点を作らせる作戦へと切り替えた。

「あれはもう、〝パウリーニョ・システム〟です」

と、試合後に片野坂は笑った。チームづくりにおいて特定の戦力に依存することを徹底的に避けてきた中で、この試合のラストは完全に割り切った様子だった。一年でJ2に復帰するため、自身の理想に固執することなく、それでもその先へとつながる最善手を模索していたのに違いない。

◆◆◆天敵・ロティーナ◆◆◆

多士済々の指揮官たちとめくるめく対決を繰り返す中で、片野坂にとって〝天敵〟としか呼びようのない存在が、ミゲル・アンヘル・ロティーナだ。

トリニータがJ2に復帰した2017年に東京ヴェルディを率いるようになったスペイン生まれの60歳。片野坂とは〝J2同期〟な間柄だが、この知将同士のマッチアップは毎回、どうにもこうにもクセの強い展開になった。2017年はアウェイとホームで2敗。2018年は2戦ともスコアレスドローと、トリニータはヴェルディから勝点を取れていない。

とにかく守備が堅いのだ。それもゴール前を固めるとか球際激しく奪いに来るとかではない。そういう守備ならまだしも局面打開のチャンスがありそうだが、ロティーナのサッカーはもっとタチが悪かった。目に見えて特に何かをするわけではない。ただ、こちらがボールを動かそうとしたときに必ず、恐ろしく邪魔な位置に立っているだけだ。それなら他のルートで動かそうとすれば、そちらのコースもさりげなく封をされている。そこを揺さぶってこじ開けようとパス交換したりドリブルを仕掛けたりしてみるのだが、緻密な守備網は少しずつ立ち位置を変えることで軟体動物のように気持ち悪く撓んで前進させてくれない。

ただただ睨み合う膠着状態。「ガマの油」と言ってもスペイン人指揮官には通用しようもないだろうが、じわりと脂汗が流れるような重苦しい空気がピッチを支配する。攻守が切り替わることもなく、ゴールに迫れるわけでもない。

初対戦となった2017年の第2節は3―4―2―1同士のミラーゲーム。攻撃のスイッチとなるシャドーへの縦パスをヴェルディのダブルボランチに潰されて攻めあぐねた。ヴェルディのほうは前線に並べたブラジル人ストライカーが長いボールを収めてチャンスを作り得点した。

2度目の対決は第28節。ヴェルディは4―3―3システムで、トリニータは相手のアンカー脇を突いて攻めたがフィニッシュの精度を欠いてチャンスを逃す。逆にヴェルディは両ウイングがトリニータの生命線であるウイングバックを牽制しながら、インサイドハーフがトリニータのシャドーをつり出してスペースを空けると、ドウグラス・ヴィエイラがそこを使う。トリニータは1トップが孤立させられコンビネーションを繰り出せなかった。

2018年にはトリニータも戦術浸透度を高め、ロティーナ対策を施して臨んだ。ホームでの第4節は前半から相手の特徴を抑えて主導権を握ったが、ヴェルディも細やかに変化しながら流れを引き寄せにかかる。ゲームは片野坂とロティーナの修正合戦の様相となり、狂おしいまでの焦ったさを最後まで維持して、痛み分けに終わった。

今度こそと臨んだ4戦目の第29節は、さらに凄まじい抗争となった。抗争と言っても派手な撃ち合いは一切なく、無言のままに殺伐とナイフで刺し合うような凄惨さだ。

ヴェルディは4―3―3を基本形としながら守備時には5バックのような立ち位置を取り、トリニータのウイングバックをがっちりマークしていたので、3―5―2のトリニータとしてはインサイドハーフが自由になれた。すると今度はその背後でヴェルディが起点を作りはじめ、後半になるとさらに一列内側のレーンから攻めるようになったため、トリニータは右サイドで変則的な縦関係を作りつつ、攻守両面を考慮しながら戦い続ける。

互いに決定機は多く10本以上のシュートを放ったが得点には結びつかず、終了後にはひたすら地味でマニアックな疲労感ばかりが残った。

この試合で存在感を発揮したのが小手川宏基だ。存在感と言ってもシュートを放つとか鮮やかに仕掛けるとかではない。ヴェルディの嫌らしい守備網をどう攻略するかを考え続けながら、さらなる嫌らしさで上回ろうとポジショニングの試行錯誤を続けていた。

「相手を見てその場その場で判断していました。相手もこちらが動くのを待っていた感じがあったし、自分が立ち位置を変えれば動きが出るのかなと。そうやったことでそこまで変化がもたらせたかといえばどうかはわからないけど、いろいろ試しながらやろうと考えていました」

小手川は相手に嫌がられる賢さにかけて群を抜く。3－4－2－1と3－5－2を行ったり来たりするようなファジーな立ち位置が求められる試合で、片野坂は好んで小手川を起用した。その小手川の立ち回りが、この試合の最大の見どころとなっていた。

◆◆◆ 天敵が追ってきた ◆◆◆

「ロティーナさんに勝てなかったな……」

その年の最終節にJ1自動昇格を決め、J2を卒業するにあたり少しだけ心残りだった。だが、ヴェルディはJ1参入プレーオフを決定戦まで勝ち上がる。

「まさかJ1でもロティーナさんと!?」

思わず身を固くしたが、ヴェルディはJ1・16位のジュビロ磐田の壁を破れず、2019年もJ2にとどまることになった。天敵のJ2残留に少しほっとする。

ところがなんとその5日後、ロティーナがセレッソ大阪の監督に就任したことが発表された。まさかの指揮官の個人昇格で、片野坂はJ1でも苦悩の対戦を強いられる。

よりによってYBCルヴァンカップの予選でも同グループとなり、開幕戦での対戦が決まった。もはや腐れ縁でしかないと唖然としたが、両軍とも新チームへの戦術浸透度が浅く、この日の対戦はいつもの片野坂対ロティーナのようにはならなかった。23分に先制点を奪われるが、ブロックを構える相手を執拗に追撃したトリニータは、89分に丸谷拓也がインターセプトして伊佐耕平とパス交換しながら持ち上がり、その勢いのままに同点弾をぶち込む。さらに90＋2分には後藤優介が追加点を奪い、逆転に成功。カップ戦ではあったが、片野坂はついにロティーナとの戦いで初白星を飾った。

だが、リーグ戦でのJ1初対決はやはりスコアレスドローに終わった。3戦未勝利で2連敗中のセレッソはメンバーを入れ替えて臨み、立ち上がりの15分は激しく攻めたが、その後は堅固なブロックを構える。ロティーナが動いたのは58分で、そこからは激しい采配合戦。J2時代よりも能力の高い攻撃陣が増えたからか、ヴェルディ戦よりは動きのある展開になったが、消耗戦であることに変わりはなかった。

余程疲れたのか、記者会見場に現れた片野坂は開口一番、「これ飲んでいいんですかね」と壇上に置かれていたレッドブルに反応した。アウェイでの難敵との戦いで勝点1を得たことに、ほっとした表情だった。

ロティーナ・セレッソをホームに迎えたのは最終節だ。ロティーナの戦術がすっかり浸透したセレッソはリーグ最少失点の堅いチームになっていたが、この試合のセレッソはブラジル人ボランチのソウザがアグレッシブに攻め、序盤から地力を見せつけてきた。トリニータも細やかに攻めるのだが、要所になると相手の力に叩き潰されてしまう。最後まで何もさせてもらえず、ただ完敗のイメージだけが残った。

J1でもロティーナに勝てないのか……。課題克服を誓って戦力を補強し、新チームへの戦術浸透に努めた。いよいよ2020年の日程発表。開幕戦の相手がセレッソと知って、片野坂は「最終節からの開幕戦で……!」と頭を抱えた。

結果は0―1の敗戦。片野坂にとっては就任以来、開幕戦初黒星だ。リーグ戦でロティーナに勝ったことがないだけではない。それよりもヴェルディ時代から数えてリーグ戦7試合を戦い、一度たりともゴールを割っていないことがことさら悔しかった。ただ、この試合で好機を多く築いたのはトリニータのほうだ。シュート精度が足りず得点こそ奪えなかったが、前シーズン最終節とは見違えるような力関係を披露し、次の対戦へと希望をつないだ。

開幕戦の2日後に、Jリーグは新型コロナウイルス禍によるイレギュラーな中断期間に入る。長い空白を経てJ1の戦いが再開されたのは7月だ。日程は組み直され、ロティーナ・セレッソとの次回対戦は11月25日に予定される第29節と決まった。

第６章

愛すべき指揮官が愛されるチームを作る

◆◆◆ベンチには浅田飴を常備すること◆◆◆

一時はJ3にまで転落したトリニータを3シーズンでJ1昇格にまで導いた手腕は、各所で絶賛され注目の的となる。

同時に、知将としての片野坂とは裏腹な、意図せずに時折漏れ出てしまう愛らしいキャラクターも、人々のハートを釘付けにした。

なにしろ試合中の指揮官から目が離せない。テクニカルエリアをはみ出さんばかりに、休むことなく大きな身振り手振りでピッチに指示を送る。ときに大の字ジャンプし、ときに爪先立ち、ときに両手をメガホンにして声を送る姿は、もしかしたら選手よりも動いているのではないかと疑うレベルだ。

「結構な割合ではみ出てますね」

45分間をテクニカルエリアのそばで過ごす右ウイングバックの松本怜は、冷静に証言する。そこから出てはいけないと第4審判に制されることもしばしばだ。指揮官のあまりの躍動感に、某キー局のサッカー番組では監督定点カメラが名物となり、サポーターの間ではヒートマップに片野坂が加えられた。あろうことか選手から「気が散るのでちょっと静かにしていてください」と懇願されたこともある。

「いやあ、そんなに見られちゃってるんですか……。ピッチに送り出してしまったら僕はもう何も出来ないので、選手と一緒に戦ってるつもりなんですけど。いや本当、僕じゃなくて選手に注目してください」

と、テクニカルエリアでの躍動を指摘された片野坂は恥ずかしそうに笑う。期せずして目立ってしまう天然タイプだ。

だが、その注目度がさらに高まる事案が、2018年に発生した。

夏真っ盛りのJ2第29節、味の素スタジアムで開催された東京ヴェルディ戦。ピッチに指示を送る指揮官の声が、開始早々の5分に、いきなり出なくなった。

それまでも時々、声嗄れを起こしたことはあった。コーチングによる度重なる負担で、声帯が傷んでいたのだろう。それにしてもあまりに早い時間帯。チームは残り85

分をある意味、数的不利で戦わなくてはならなくなった。よりによって天敵・ロティーナ監督との対決の日に。

舞台裏ではスタッフが奔走していた。ゴール裏まで走り、サポーターに喉飴を分けてもらうと、喉スプレーとセットでベンチに届ける。要所での指示はコーチたちが代理でピッチに伝えた。

試合は0―0の引き分け。対ロティーナ恒例の、一見おそろしく退屈ながら非常に高度でスリリングなゲームだった。だがそれよりも記者会見でのメディアの焦点は、片野坂の声に当てられた。

「お聞き苦しくてすみません……」

第一声のかすれ声とともに、会見場に必死で笑いを噛み殺す空気が充満した。誰かが口火を切ったら爆発しそうな濃度だ。

「前半5分に叫んだらこういう声になってしまって、自分でもなんでかわからない。そこから声が出ず、選手にもなかなか指示が通りませんでした……」

本人は意気消沈している。このかすれ声はＤＡＺＮで全世界に配信され、お茶の間にまで驚きと笑いを巻き起こしてしまった。これがまさかの展開を呼ぶ。

「私気がついてしまったの。浅田飴さんが大分トリニータをスポンサードしてくれたら、片野坂監督の前半5分で喉が枯れるってなくなると思うの。ユニフォームの鎖骨スポンサー枠が空いてます……浅田飴さん、同じブルーだし、カタさんの喉を守ってあげて……」

片野坂を案じたひとりの心優しき女性サポーターのツイートが、喉飴の老舗である浅田飴公式アカウントの目に留まった。

「でもお高いんでしょう……?」

まさかの公式アカウントからのリプライに、サポーターは大喜びだ。

このやりとりがきっかけとなって、90缶もの浅田飴が、指揮官宛てに送られてきた。驚いたクラブスタッフが浅田飴本社へと挨拶に走り、トリニータと浅田飴との交流がはじまった。

創業130年余の老舗ながら先進的で柔軟な社風の浅田飴は、この縁をきっかけにトリニータとスポンサー契約も結ぶ。以後、テクニカルエリアで躍動する片野坂の手には浅田飴の缶が握られるようになった。試合中に指示を出す合間に、一粒、二粒と口に放り込む。その姿がまた中継カメラに抜かれ、他チームも含めたサポーター界隈で話題を呼んだ。

「もうこれがないとダメになりました」

試合後に笑う声も、以前ほどかすれることはなくなった。

最初は声が出なくなって笑われていたのに、しまいには声が出たことが喝采されるようになった。J1自動昇格を決めた2018年J2最終節、モンテディオ山形戦後のゴール裏でトラメガ越しに挨拶する片野坂の第一声が、ややかすれながらも健在だったことで、現地に駆けつけていたサポーターは、昇格の歓喜に上乗せして大歓声でそれを迎えた。

◆◆◆有能な指揮官は実った首を垂れる◆◆◆

他のスポンサーに関しても、片野坂は折に触れて、そのありがたさに言及する。いや、スポンサーだけではない。自分を取り巻くすべてに感謝しながら生きている。試合後の記者会見で必ず冒頭に述べるのは、サポーターへのメッセージだ。時折、報道陣へのねぎらいの言葉も聞かれる。ボランティアスタッフや、芝の管理業者をはじめ試合運営に携わる人々、スタジアムや練習場やクラブハウスを使わせてもらっていることへの大分県への感謝も、忘れたことがない。

2016年、監督としてトリニータに戻ってきたときもそうだった。

「古巣の危機を救いに来ました。いまこそ恩返しをするときだと思っています」

2000年と2003年に現役選手として在籍したときにはあまり貢献できなかった、と当時を振り返る。

「それなのに現役を引退してからクラブで強化スタッフとして仕事をさせてもらい、またアカデミーで指導者としてのスタートも切らせてもらった。S級ライセンスを取らせてくださったのも、このトリニータです。だから僕は、その恩返しをしなくちゃならない」

とはいえ、J3に降格した満身創痍のクラブを、一年でJ2に復帰させなくてはならないというミッションはあまりに重い。クラブに関わる人々の人生まで背負っていることを自覚すれば、並大抵の覚悟で引き受けられるものでもない。

しかも、2015年までヘッドコーチを務めていたガンバ大阪から、ガンバ大阪U—23の監督オファーが届いていて、その話もほぼ決まりかけていた矢先だ。だが、J2・J3入れ替え戦で町田ゼルビアに無残に敗れた古巣の窮状を目の当たりにし、自分のチームとして指揮を執っていけるという指導者としてのステップアップも鑑みて、片野坂はトリニータに帰ってくることを選んだ。

ちょうどその頃、ガンバは天皇杯を勝ち上がっていたため、詳細が決まって発表になるのは、天皇杯決勝が終わりすべてが落ち着いた後ということになった。最後にガンバで長谷川健太監督を胴上げして、片野坂は正式にトリニータの監督になった。

いよいよ自分のチームを率いることになっても、片野坂は自身の哲学を押しつけるようなことをしなかった。

「トレーニングをスタートして選手の状況を見て、またいろんなトライをしてみて、実際のフィット感を見て。僕だけじゃなくて、コーチングスタッフや選手のみんなにも話を聞きながらやっていきたいです。僕から戦術を一方通行でというよりは、本当の意味でチームを作っていきたい。選手のやりやすさ、やりにくさというのもあるかと思うので。まあ、最後は僕が決断するんですけどね」

片野坂も西山と同様に、スタッフの一体感を重視していた。指揮官によっては自らが頂点に立ち明確なリーダーシップを発揮するタイプもいるが、片野坂は「チームをよくするために、誰もが何でも言い合えるような環境がいい」と望んだ。

「サンフレッチェでもガンバでもそういう環境でやってきたんですが、やっぱり良い成果が出るんですよね」

確かに、片野坂がコーチングスタッフとして在籍したシーズン、サンフレッチェもガンバも、毎年のようにタイトルを獲っている。さらに西野朗、ミハイロ・ペトロヴィッチ、森保一、長谷川健太と名だたる名将の下で仕事を続けてきた参謀だ。有能でないはずがない。

そう思っていたら、いきなりJ3優勝して「一年でJ2復帰」という至上課題を成し遂げた。続いて2シーズンでJ2を駆け抜けると、指揮4年目でJ1にまで上り詰める。

その実績が評価されないわけはなく、2018年はJ2の、2019年はJ1の優秀監督賞に輝いた。

アウォーズでスポットライトを浴びながら、片野坂は恐縮しきったように身を縮めている。

だが、「決して予算が多いわけではない中で成果を挙げた」と選出理由を説明されたときには「そういうところを評価していただいたことに感謝しますし、われわれがサッカーでどういうチャレンジをしているか見ていただいたことをうれしく思います」と胸を張った。緊張していたのか「今後、予算が上がってそういうところの評価が下がるのもよくないので……」と言いかけて慌てて「とにかく、予算以上のサッカーが出来るようにやっていきたいと思います」と締めくくり、DAZNで中継を見守るサポーターたちを噴き出させたのも、実にチャーミングだった。

時折、あふれてしまうもの

普段の片野坂はあまり感情をあらわにしない。トレーニングでも取材対応でも、努めて抑制した態度と表情を貫いていた。

だが、試合中のテクニカルエリアを見ればわかるように、もともとは熱いスピリットの持ち主だ。揺さぶられる感情を隠せずにダダ漏れてしまうことがある。

監督として初勝利を飾った2016年J3第1節・AC長野パルセイロ戦。記者会見で最初のうちは冷静に試合を振り返っていたが、初采配の感触を訊かれ、思わず笑みがこぼれた。

「初めての采配でホームで勝てたことはすごくうれしいのですが、僕が喜んでいるといけない。まだ30分の1試合を終えたばかりだよと、冷静に選手たちにも話をしました。本当は飛び上がって喜びたいくらいなのですが、一応監督なので、落ち着いて話すようにしています」

そんな初々しい表情からスタートした監督としての日々。クラブの命運を握る重大なミッションを果たすために、過酷な戦いが続いた。その果ての最終節。トリニータはアウェイでガイナーレ鳥取と対戦し、4―2で勝利してJ3優勝してのJ2復帰を達成した。

ピッチで選手たちが、スタンドでサポーターたちが歓喜に沸いた瞬間、テクニカルエリアには背中を丸めて地面に突っ伏す片野坂の姿があった。肩を震わせて号泣する様子から、責任を負った精神的プレッシャーの大きさが窺い知れた。単身赴任は初めてではないとはいえ、コーチと監督では背負うものの重さも違う。クラブハウスから帰った一人暮らしのマンションで、野菜を刻んで鍋を作り、鹿児島の男らしく焼酎を傾けながら海外のサッカーを観るオフタイムにも、それを考えない日はなかったのだろう。

2017年J2では混戦の上位争いに絡み続け、J2残留という最初の目標をクリアすると、J1昇格プレーオフ圏内へと目標を上方修正した。勝てばプレーオフ進出の可能性があるという状況で臨んだ第41節・徳島ヴォルティス戦。これぞカタノサッカーという完成度の高い戦いぶりで相手を上回りながら決定機を逃し続け、攻めに出た試合終盤に失点して敗れると、6位以内の望みは断たれた。

会見の席に着いた片野坂は、冷静さを保ちきれず泣き崩れた。

「残念です。本当に悔しい。……すみません。悔しい」

報道陣の激しいカメラのフラッシュに「撮らないでください。みじめなので」と手で顔を覆ったが、やがて平静を取り戻し、最後には「泣いてすみませんでした」と律儀に頭を下げた。関係者も含め多くの人はJ3から戻ってきたトリニータがここまで立ち直っただけで素晴らしいと思っていたはずだ。悔しがる涙に闘将の魂を垣間見た気がした。

2018年に忘れがたいのは何と言っても、首位で迎えた第11節の町田ゼルビア戦だ。勝利を収めた試合後の会見に出てきた指揮官は、まるで敗戦の将であるかのように、プリプリに怒り狂っていた。

「ダメです！　こんなの、首位のチームじゃありません！」

歯痒さのあまり掻きむしったのか、乱れた髪が芸術的な形を描いている。

確かに荒れた試合ではあった。3分に先制点を奪うと11分に相手ディフェンスリーダーが一発退場となり、31分、45分と馬場賢治のハットトリックで3点リードして折り返す。一転、後半は数的不利の相手に押し込まれて2失点し、90分に追加点を挙げて再び2点差としたにもかかわらず、アディショナルタイムにまた失点。相手は交代カードを使い切った後に負傷者を出して9人となっていたのだが、前線に屈強なフォワードを配置してロングボールを放り込み、2人分の数的不利を感じさせない戦い方でトリニータに圧をかけ続けた。こちらも負傷による交代を余儀なくされた、アクシデント続きの一戦。常日頃から「大味な試合は嫌いです」と公言している片野坂にとって、後半のチームの緩んだとしか評価しようのない戦いぶりは、たとえ勝利しようがこれほど我慢ならないものはなかったのだった。

ぶっちぎりの降格候補と言われながら初めてのJ1で好感触を得た2019年。第29節の浦和レッズ戦で、片野坂のパッションが炸裂した。前半は息詰まるようなポジションニングの駆け引き。後半は力量の高い相手に押し込まれながら、高木駿のビッグセーブや鈴木義宜の果敢なシュートブロックで、辛くも危機をしのいでいた。

スコアレスで勝点1を分け合うかに思われた90＋3分。なまじ優勢なだけに前がかりになっていたレッズのシュートを鈴木が跳ね返すと、トリニータの怒涛のカウンターが発動した。倒れ込みながら後藤優介がつなぎ、これも体を投げ出した伊佐耕平が触ったボールは相手に当たって三平和司の元へ。一度は相手にカットされたが三竿雄斗が拾って縦パスを送ると、ボールは三平の腹を直撃。上手く収めた三平が左サイドを駆け上がる田中達也へと展開すると、田中は仕掛ける選択肢も持っていたのだが、そのとき大外を駆け上がってきたのが三竿だった。ここ2シーズンは負傷に悩まされ、移籍してきた今季もリハビリスタートとなってもどかしい思いをしてきたCBは、田中からボールを託され、ビッグチャンスを迎えた。

ゴール前にはついさっき自陣で倒れながらボールをつないだ二人が走り込んでい

る。ニアの伊佐が疲労していると判断した三竿はファーへとクロスを送った。後藤は渾身のヘディングで、大分U―18の大先輩・西川周作の守るゴールを、ついにこじ開けた。

その瞬間、誰よりも先に駆け出したのは片野坂だった。現役のサイドバックかと見紛うばかりの素晴らしいロングスプリントで、後藤に飛びつき、遅れて続いてきたスタッフと選手たち全員で揉みくちゃになった。

テクニカルエリアで躍動しながらしばしばはみ出すのを面白がったサポーターたちがふざけて「片野坂ヒートマップ」なるものを作っていたのだが、それさえも遥かに超越したコーナーフラッグまでの飛び出し。抑えきれずに思わずやらかしてしまう、これも指揮官がみんなに愛される所以だ。

◆◆◆指揮官を支えたキャプテンたち◆◆◆

「カタさん、もうちょっと指示してもいいいんじゃないかなと思うんだけど」

と、ある日、山岸智が苦笑いした。２０１６年初夏、片野坂がチーム作りに奮闘していた時期のことだ。

それまでは自身もＪ１の舞台しか知らず、指導した選手たちもＪ１プレーヤーばかり。いきなりＪ３という未知のカテゴリーに飛び込んで、Ｊ３のプレーヤーたちをまとめる仕事は、決して容易くはなかった。根気強くポゼッション練習を重ねつつ戦術のベースを仕込もうとするのだが、就任当初に「一方通行の押しつけはしない」と宣言したとおり、選手たちの自主性を尊重しようと具体的な指示を極力控えるあまり、なかなか思うように進捗しない。選手たちは選手たちで監督の指示どおりに動くことに慣れているので、数的優位を作れと言われれば数的優位を作るために必死で目を血走らせて走り回った。

片野坂の就任と同時にトリニータにやってきた山岸は、このとき33歳。2010年から6シーズンを過ごしたサンフレッチェ広島でミハイロ・ペトロヴィッチと森保一の指導を受けており、コーチだった片野坂とももちろん、信頼関係を結んでいる。片野坂が自身のサッカーを構築するにあたり、チームをリードできる右腕として、山岸をトリニータに呼んだのだった。

ジェフユナイテッド千葉のアカデミーで育ち、イビチャ・オシム時代のトップチームでプレー。A代表にも召集され、その後に移籍した川崎フロンターレやサンフレッチェではACLにも出場している。その豊富な経験と穏やかな人格を頼りにされる形で、片野坂は山岸をキャプテンに任命した。

その山岸とてJ1以外のカテゴリーは初めてだ。真夏のデーゲームや設備の乏しいスタジアムといった慣れない環境で戦いながら、若い選手たちが片野坂の目指すスタイルへと近づけるようサポートした。激しく鼓舞してチームを牽引するタイプではなかったが、必要に応じてロッカールームや食事会で、細やかなアドバイスを続けた。

2017年かぎりで山岸がチームを去ることになると、山岸がチームを託したのは竹内彬だった。名古屋グランパスとジェフで活躍したセンターバックで、熱血アニキなキャラクターで選手たちの信頼を集めていた。だが、2018年になって徐々に出場機会を減らすと、夏にオファーを受けたカマタマーレ讃岐に電撃移籍。後輩たちから名残を惜しまれながら、フェリーで海を渡っていった。

夏以降、キャプテンを務めたのは馬場賢治だ。シーズン途中からの就任で難しさもあったかもしれないが、ヴィッセル神戸、ベルマーレ湘南、水戸ホーリーホック、カマタマーレ讃岐とJ1、J2を行き来してきた職人肌は、実に職人のようにチームをケアしながら、自らキャリアハイの12得点を挙げてトリニータをJ1昇格へと導いた。

J1に昇格した2019年からは、27歳になる鈴木義宜がキャプテンを務めた。宮崎産業経営大を卒業して2015年にトリニータに加入したセンターバックだ。ルーキーイヤーから40試合に出場し、2016年以降は全試合で先発。2017年からは全試合にフル出場しており、チームメイトたちからは「鉄人」と呼ばれているが、鉄人は片野坂や仲間たちとカタノサッカーを築いていくにつれ、いまや「哲人」としての顔も深めつつある。

◆◆◆指揮官の求めに応え続けるということ◆◆◆

歴代キャプテンに力添えする形で、多くのベテランたちが片野坂の率いるトリニータを支えてきた。中には自らがこれまでに培ってきたプレースタイルがカタノサッカーに合いづらいプレーヤーもいて、個人的には出場機会を得にくく苦しい思いをしたこともあったかもしれない。だが、どの選手も片野坂の要求に応えようと努めながら、献身的な仕事を貫いた。

2015年に町田ゼルビアから移籍してきたゴールキーパーの修行智仁は、皮肉にもそのシーズンに、J2・J3入れ替え戦でゼルビアとカテゴリーを入れ替わる。自身はリーグ戦1試合の出場にとどまっていたのだが降格の責任を感じ、「自分がまた昇格させるしかない」と、密かに胸に誓っていた。

だが、修行のプレースタイルはカタノサッカーで求められるゴールキーパー像とは異なり、ゴール前でどっしりと構えてコーチングで危機を防ぐタイプだ。ビルドアップに奮闘した上福元直人とともにカタノサッカーの創成期を支える中で、ゴールマウスを守ったのは上福元のほうだった。チャンスが巡ってきたのは夏だ。片野坂の目指すスタイルは徐々に浸透しつつあったが、まだ成熟度が低く、結果の面でも物足りない。失点も多かったため、一年でのJ2復帰をマストとするチームは、戦術の切り替えを余儀なくされた。そこで正守護神として頼られたのが修行だ。シーズン初先発を告げられたときにはリーグ戦30試合中19試合が終わっており、トリニータは10勝3分6敗で3位につけていた。昇格争いの最大のライバルである栃木SCは、目下10連勝と絶好調で首位を独走している。第19節、その栃木との直接対決で、屈辱的にも10連勝の10勝目を献上すると、トリニータと栃木との勝点差は9に広がった。2位の鹿児島ユナイテッドFCはJ2ライセンス申請中でモチベーションも高い。一年でJ2復帰の目標達成に黄信号が灯っていた。

絶好調の首位・栃木との勝点差9を、残り10試合で埋められるのか。不安な表情の周囲に向かって、修行は断言した。

「何言ってるんですか、優勝しますよ。J3優勝が目標なんだから」

自分が試合に出ればチームを勝たせられると思っていたという32歳は、現状のチームが抱える守備の課題点を整理した。主にメンタル面とゲームマネジメントについてで、「攻撃志向の強いチームスタイルだからこそ、攻撃時にも自分だけは守備のことを考えておきたい」と修行は言った。

修行が初先発した第20節の福島戦を皮切りに3連勝。第23節のカターレ富山戦は0―0で引き分けたが、第24節の鹿児島ユナイテッド戦には1―0で勝利し、トリニータは一気に勝点を伸ばす。リスクを軽減した戦い方がダイレクトに結果につながっていた。逆に栃木は第20節から1勝3分1敗と急激に失速。鹿児島も一時の勢いを落としていたところでJ2ライセンスの不交付が決まり、モチベーションを落としたように、シーズン終盤にかけて上位争いから脱落していった。

残り6試合時点で、首位・栃木と2位・トリニータの勝点差は2。チームの勢いから考えても、順位転覆は時間の問題かと思われた。そんな第25節、トリニータはAC

長野パルセイロに痛恨の黒星を喫する。栃木が福島に勝ったため、勝点差は5に広がった。3位の鹿児島には勝点で並ばれ、勝点4差で追ってくる4位の長野にも昇格の目が出てきた。

「試されていると思う。『お前ら優勝するって言ってるけど、どやねん、ここから』って言われているような気がする」

初黒星を喫した修行はそう言って自らとチームメイトを鼓舞し、チームは第26節から怒涛の5連勝。最終節を前に栃木との順位を入れ替え、とうとう悲願のJ3優勝を成し遂げた。

功労者の修行だったが、チームがJ2に復帰してカタノサッカーの構築を再開したことで、再び正守護神の座を明け渡す。それでも2018年かぎりで契約非公開となるまで、ハードな吉坂のトレーニングに取り組みながら、トリニータのJ1昇格を見届けた。

「カタさんと出会えて得たものはすごくたくさんあります。他のチームではそこまでキーパーに求めていないところも多いじゃないですか。カタさんにはすごく高いレベルを求められていたと思うし、それは刺激的で選手としてすごく幸せなことでした」

その修行とプライベートでも親しかったのが、センターバックの山口貴弘だ。紅白戦で控え組に入って相手チームを演じる際に、緻密に忠実に再現してシミュレーションの精度を高め続けた。2017年かぎりで現役引退を決意すると、最終戦セレモニーでこうスピーチした。

「先日、ある方に、こんなことを言われました。ぐっさんはトリニータに来て本当に良かったですかと。僕はこれを聞いたときに、正直、悔しかったです。僕が入った年にJ3に降格しました。試合に出られない日々が続きました。J1に上がるために大分に来ました。たくさん試合にも絡みたかったです。ただ、気づいたことがあります。J1に上がることよりも、試合に出ることよりも、大事なことがある。それは、どんなときもブレずにやり続けること、努力して成長し続けること、チームのために一所懸命やること、サッカーを心から楽しむこと、感謝の気持ちを忘れないこと、支え合い助け合いながら生きていくこと。本当に大事なことに気づきました。トリニータのおかげで気づくことが出来ました。だから、胸を張って言えます。トリニータに来て本当に良かったです」

2016年かぎりでの現役引退を発表することでチームのJ2昇格へのモチベーションを高めた高松大樹が高卒ルーキーとしてトリニータにやってきたのは、片野坂が初めて移籍してきたのと同じ2000年のことだった。唯一、現役時代の片野坂とともにプレーしたことがある選手。ヘッドコーチの吉村光示やコーチの山崎哲也ともチームメイトだった時期があり、クラブとともにサッカー人生を歩んできた。

山岸智と同様、2018年に片野坂がサンフレッチェから呼び寄せた丸谷拓也は、2019年かぎりでスパイクを脱いだ。2018年の主力はJ1では出場機会をめっきりと減らしていたが、主戦場としていたボランチだけでなくセンターバックでもプレーしてチームを支え、真面目で実直な人柄で若手の手本となっていた。2019年J1最終節、最後にピッチに立たせたいと片野坂は丸谷をベンチに入れたが、試合展開上、それを叶えることは出来なかった。片野坂が3枚の交代枠を使い切ったとき、アップを続けていた丸谷が駆け寄ったコーチや控え選手たちに囲まれた光景は忘れがたい。

肺癌に冒された体に鞭打って２０１６年Ｊ３で戦い続けたブラジル人センターバックのダニエルは、２０１９年2月10日、母国で帰らぬ人となった。トリニータがＪ３に降格した直後、西山が戦力の確保に必死だったとき、最初にトリニータに残ると手を挙げ、チームメイトたちに一緒に頑張ろうと声をかけたのがダニエルだった。

どの選手たちも、満足に出場機会に恵まれずとも片野坂を信頼し、片野坂から信頼されていた。竹内彬、馬場賢治、福森直也ら、シーズン途中で出場機会を求めて移籍していったメンバーも、自身をどう戦術にフィットさせるかと苦しみながら、チームのために惜しみなく力を尽くしていた。

◆◆◆バクスターも驚いた利き足の話◆◆◆

片野坂自身、現役時代から真面目で堅実、献身的なプレーヤーだった。

地元の名門・鹿児島実業高を卒業し、サンフレッチェ広島の前身であるマツダＳＣ

に入団したのが1990年。まもなく左サイドバックでレギュラーの座を掴むと、Jリーグが開幕した1993年、サントリーシリーズ第1節に先発出場。この試合で開始早々の1分に風間八宏が見事なJリーグ日本人初ゴールを挙げたが、そのとき左サイドから相手最終ラインの裏、センターバックの間の絶妙なスペースへと弓なりのアーリークロスを送ってメモリアルゴールをアシストしたのが、22歳の片野坂だった。

当時のサンフレッチェには片野坂と風間の他にも高木琢也、森保一、松田浩と、のちにJリーグの名将となるスタープレーヤーがずらりと顔を並べていた。ポジショニングにこだわり少ないタッチでボールを運ぶ組織的なサッカーを浸透させていたイギリス人指揮官、スチュワート・バクスターの影響があったのかどうか。片野坂は日頃から先輩である高木の居残りシュート練習を手伝い、試合でも精度の高いクロスを送ってエースの華々しいゴールシーンをお膳立てした。

「相手センターバックの頭上を越えるアーリークロスを送れば、高木さんは胸トラップからのボレーで沈めてくれた」

そうやってともに戦ったかつての先輩たちと、いまではそれぞれのチームを率いて対峙する立場になっているのも感慨深い。サンフレッチェを出て1995年から足掛け5シーズン在籍した柏レイソルでチームメイトだった下平隆宏とも、2017年の天皇杯3回戦・レイソル戦で対戦している。二人はそれぞれ2019年シーズンのJ1、J2優秀監督に選ばれ、肩を並べて表彰された。

若手時代の片野坂を知る人たちは「真面目で賢い選手だった」と口を揃える。そして、人の見ていないところで努力するタイプだったようだ。1991年からサンフレッチェのトップチームやアカデミーで指導にあたり、現在はギラヴァンツ北九州を率いる小林伸二が、こんなエピソードを明かしたことがある。

「ある試合でカタがPKを蹴ったんだけど、バクスターがそれを見てひどく驚いたんですよ。『アイツ、なぜ右足で蹴るんだ!?』って。カタがずっと左サイドバックをやっていて左足でいいクロスを上げ続けていたものだから、完全に左利きだと思っていたらしくて。でも実はカタは右利きだったんですね」

その件について訊ねると、片野坂は笑った。

「そうですよ。左足でクロスを上げられるように、めちゃくちゃ練習しました」

そういえばトリニータの指揮官となってからも時折、他のコーチや選手たちに混じってゴールキーパーの居残り練習につきあいシュートの雨を降らせているが、渾身の左足シュートの威力はなかなかのものだ。

カタノサッカーでは最終ラインのプレーヤーがビルドアップで大きな役割を担うため、片野坂は3バックの左にはレフティーを置きたがる。自身が右利きにして左サイドのポジションを司っていたため、スムーズなボールの出し入れや相手に追い込まれたときの持ち方の難しさがよくわかっているのだろう。ちなみに2018年以来、カタノサッカーで正守護神を務める高木駿も左利きだ。片野坂体制1年目から4バックでも3バックでも主力として出場してきた福森直也が2018年に負傷離脱した際には、ちょうど那須川将大までが別メニュー調整中でレフティー不足に陥り、やむなく右センターバックの刀根亮輔を左に配置して、やはりなかなかハマらなかった。2017年はボランチの鈴木惇が左利きだったため、ビルドアップで最終ラインに落ちるときには必ず左側に下りるように言って、ビルドアップを助けさせていた。

利き足というものがプレーヤーにとって強みにも枷にもなること、そして訓練がそれを克服する道を切り拓くこと、あるいは不向きなポジションでは窮屈なプレーしか出せないこと。すべて身を以て知っているからこそ、気づき、考えることが出来るようになるのだ。

◆◆◆緻密さは粘り強さへと結実する◆◆◆

「チームっていうのは往々にして、監督の性格に似てくる」

修行智仁がそう言ったことがある。

「このチームはカタさんと同じで粘り強い」

2018年シーズンから、相手に押し込まれても最後まで耐えきれる試合が増えた。高木駿と鈴木義宜を中心としたディフェンスは、たとえ少々崩されたとしても、体を投げ出して何度ものピンチをしのぐ。

J1に昇格した2019年は、特にその粘り強さを実感することになった。

戦術の核となる選手が抜けたチームが見る見る失速するのはサッカー界の常だ。藤本憲明がヴィッセル神戸に引き抜かれて得点力が低下したときには、当然それを覚悟した。だが、得点が取れなくなったにもかかわらず、トリニータは失速せず上位をキープしていた。これは日々の積み重ねの中で、次第に地力が育っていた証ではないのか。そう問うと片野坂は笑顔を見せた。

「おっしゃるとおりですね。得点力という部分ではリーグ戦では2得点までで、3得点した試合がなかった。そこは次のシーズンへの課題になってくるんですが、一方で失点も総数が35と少ないんです。本当に粘り強く戦えているなと感じます」

J1に上がって、チャレンジするよりもリトリート傾向を強めた守備が奏功したのか、失点はJ2時代よりも少なくなっている。

リーグ3位となる高木駿のセーブ率75・2%も誇れる数字だが、さらに卓抜していたのが鈴木のシュートブロック数だ。53回で、リーグ1位をマークしている。2位のヴィッセルの大崎玲央は31回、続いて浦和レッズの槙野智章とセレッソ大阪のマテイ・ヨニッチが30回で3位タイ。鈴木の突出ぶりに驚かされる。

何故これほどシュートブロックできるのかは、鈴木自身も分析しようと試みているが、いまだにその答えは見つかっていない。ただ、手がかりになりそうなデータもある。チームとしてのタックル数の少なさだ。

2018年J2の上位チームの中で、トリニータと東京ヴェルディは目立ってタックル数が少なかった。当時のヴェルディを率いていたのは片野坂の天敵・ロティーナだ。対戦すればポジショニングだけで主導権争いを繰り広げる両チームなので、確かに腑に落ちるデータと言える。

タックルが少ないということは、前もって準備した守備が出来ているということではないか。その問いを裏付けるように、松本怜が興味深い証言をしてくれた。

「カタさんは毎試合ちょっとずつ守備のやり方を変えるんですよ。ハメ方とか立ち位置とか。それを細かく言っているぶん、タックルしなくて済むような頭の使い方をみんなが出来ているのかなと思います。基本的に、タックルするのは若干遅れているからだと思うんですよね。ちょっと出遅れたり逆を突かれたり。カタさんはハメ方を細かく設定していて、それを選手たちが意識して動けているから、タックルが少なくなる気がしますね」

そうやってピッチ全域で守備の先手を取れているおかげで、最終ラインやゴールキーパーへのしわ寄せを軽減できているのかもしれない。戦術の緻密さが辛抱強さをお膳立てしているとも言える。

そして片野坂は2019年シーズン終了後、チームのメンタル面の成長も評価した。そのときに引き合いに出したのが、第30節のFC東京戦だ。首位に立つ相手はさすがに手強く、前回アウェイで対戦した第14節も全くと言っていいほど歯が立たずに、力の差を見せつけられて1―3で敗れている。それが久保建英の国内ラストゲームだったおかげで世間の注目度も高く、ホームでは必ずやその雪辱をと誓っていたのだが、5分と7分に立て続けに失点していきなりの2点差。心が折れても責められない展開だ。

だが、片野坂の「ここからさらに失点を重ねるのはよくない。90分の戦いで、絶対にゲームを壊さないように」という指示どおり、選手たちはそれ以上はほころびることなく、2点リードして少し構えた相手に対し最後まで攻めの姿勢を見せた。

「前回対戦よりチャンスも作りシュートも打ったところに成長を感じました」

0－2で敗れた試合でも指揮官がそう評価するほど、力量差は明らかだった。そんなチームたちと渡り合わなくてはならないJ1で、2020年シーズンも戦うことになる。片野坂は4年間で積み上げてきたものの手応えを感じていた。

エピローグ

Aランクを狙う、と片野坂は高みを指した。

2019年、初めて戦ったJ1で自分のサッカーが通用する手応えを得た指揮官は、クラブの協力の下に積極的な戦力補強を行い、2度目のJ1チャレンジに臨んだ。新戦力のフィットは早く、鹿児島キャンプでの感触も上々だ。東京オリンピック開催によりJリーグの日程はイレギュラーなものになるが、能力の高い選手たちがこれまでよりも厚い層を成すチームに、サポーターも期待を高めていた。

そんなとき、世界を襲ったのが新型コロナウイルスだった。中国に端を発したと言われる感染症は瞬く間に国境を越えて広がり、地球全体を蝕んでいった。

とてもサッカーなどしている状況ではないということになり、各国のリーグが中断に踏み切る。Jリーグも全試合が中断となり、トリニータはYBCルヴァンカップ・グループステージ第1節の湘南ベルマーレ戦とJ1第1節・セレッソ大阪戦を戦って公式戦2連敗のまま、再開の目処の立たない真っ暗闇へと放り出された。

チーム片野坂の動きは早く、中断が発表された翌日にはトレーニングを非公開として選手やスタッフの感染予防態勢を取った。しばらくクローズドで練習していたが、外出自粛要請などの世情を鑑み、3月26日を境にチームの活動自体を休止。各自が自宅とその周辺で可能な範囲で体を動かすのみにとどめ、不安と戦いながら世界の情勢を見守った。4月27日からは自主トレーニング用にグラウンドを開放。全体練習を再開できたのは5月19日で、それも最初のうちはクラブハウスを使えないまま、密状態を作らないようグループ分けして時間差でメニューをこなす形だった。それから少しずつ時間をかけて段階的に、全員揃ってのトレーニングへと移行していく。

ブンデスリーガとKリーグに続いて欧州各国のリーグが順にシーズンをリスタート

し、Jリーグも6月下旬から7月頭にかけて、カテゴリー別に再開することを決定した。とは言ってもウイルスの猛威は完全に収束したわけではなく、第2波、第3波が襲来する恐れも残されている。リーグは選手やスタッフの体調をPCR検査や検温によって徹底管理し、試合周りの人々の動線を制限するなどして、感染拡大防止のためのさまざまな策を施した。

イレギュラーな事態を受け、2020年シーズンは降格制度が廃止された。残留争いの心配がなくなり2021年もJ1で戦えるのはありがたかったが、東京オリンピック開催が延期になった中で、12月までに出来るかぎり全日程を消化するというハードスケジュール。ルヴァンカップはレギュレーションを変えて試合数を減らしたが、それでもリーグ戦と合わせれば連戦続きになる。試合ごとの準備期間が短く、対相手戦術が重要となるカタノサッカーも、短時間でそれをチームに落とし込まなくてはならない。それ以前に相手チームのスカウティングも困難だ。これまでに積み上げてきた試合への準備のルーティンも崩さざるを得ない。

最大の課題は選手たちのコンディション管理だった。キャンプで体を作って2月に開幕したものの、4ヶ月もの中断期間で体もリセットされ、暑さ厳しい時期に公式戦の嵐に突入する。再開が決まってからの準備期間は約1ヶ月。プレーヤーによっては十分にコンディションを戻すことが出来ないまま、負傷するリスクの高まる可能性もある。

全世界的な連戦を考慮し、FIFAは一試合における交代枠を5人までに増やした。ただし交代回数はハーフタイムを除き3回までという制限つきだ。これにより、システムや戦術の変更も含めゲームプランは多岐にわたるようになった。実際に試合に入ってみなくてはどうなるかわからず、采配の駆け引きもよりスリリングになるだろう。

「いろんなことが制限されて、ホームにしてもアウェイにしても従来の試合運営とはまったく違うので、選手も含めわれわれも柔軟に対応し、いかにサッカーに集中することが出来るかだと思います。移動手段、ホテルでの過ごし方、食事の摂り方、スタジアム入りしてから試合開始までのこと。試合開始後も最初の2試合は観客がいないし、ゴール後の喜び方なども制限されている。決められたことをしっかりと守りながら、柔軟に対応することが大事です」

早くその環境に慣れなくては、と片野坂はいくつものポイントを挙げた。

前代未聞で誰も経験したことのないタフなシーズンを乗り切るために、どのチームもこの中断期間に、戦い方のバリエーションや戦力の組み合わせパターンを新たに増やしているに違いない。片野坂ももちろん、準備している。新戦術がカタノサッカーの可能性をどれだけ広げるか、それがどれだけ通用するか。チームマネジメントも引っくるめて、チームの総合力が問われるシーズンになる。

監督としての5年目は想定外のものになったが、片野坂はシーズン目標を変えることなく、6位以内を目指すと宣言した。

トリニータをJ1に定着させ、タイトルを争ったりACLに参戦したりするだけの実力あるチームにまで持っていきたいと、就任当初から言い続けてきた。そのために築いている独自のスタイルがそのままトリニータのサッカーとして土台になれば、これほど大きな〝古巣への恩返し〟はない。

「いずれ僕とは違う監督になるとしても、僕が積み上げたものを継続できる監督がいらしたほうがスムーズだと思いますし、クラブも現在のベースとなるサッカーを継続するでしょう。これがアカデミーを含めてトリニータのスタイルとして確立されれば、素晴らしいクラブになるのではないかと思います。クラブの描くヴィジョンはすごく大事で、僕がいまやっていることがクラブのカラーになっていく部分だと捉えていただけると、すごくありがたいです。僕が何年やったからとかではなくて、いまのトリニータのサッカーがずっと続いていくと、うれしいですね」

感染防止のための外出自粛期間中、普段は時間がなくて作れない料理にチャレンジしては「今日は餃子を焼いた」「焼きそばを作ってみた」とクラブのSNSに写真を載せたりしていた。写真にはコメントが添えられていて、食後の総括と、次に作るときに向けて修正するべき課題が分析されている。目の前のクッキングに集中して最大値を出しながら経験を積み重ねていく戦術的ピリオダイゼーションの理論がこんなところにも徹底されているのか。そして確かに日を追うごとに、少しずつ自炊の腕前が上がっているのが面白かった。

期せずして与えられた時間の中で、読書を通じてのスキルアップも図った。

「いろんな本があるのでどういうものを読もうかなと迷ったんですが、自分に足りないものや今後に生かされるものって何かなと考えたときに、やっぱりコミュニケーションの取り方や伝え方だと思って、それに役立つ本を選びました。選手との関係、クラブとの関係、スポンサーとの関係。あとはメディアの方々、ファン・サポーターの方々。いろんな方々と話す機会があり、僕が発信することも多いと思うので、それにつながるように」

印象深かったのは映画の話だ。イギリス生まれの世界的ロックバンド、クイーンの物語を描いた『ボヘミアン・ラプソディ』を観て心を動かされたと明かす。

「われわれはサッカーでエンターテインメントをやっていますけど、クイーンは歌と演奏で観客を魅了して惹きつけ、励みにさせる。そういうところで共通する部分もあるし、それまでの流れからのラストのコンサートの場面は、本当にすごいなと思いました。孤独なんだなあとか、そういうところにも共感したり。……あっ、決して僕が孤独だとは思ってないんですけど。いや、孤独かもしれないけど、周りに助けられている部分も多いと思うので」

ネタバレの危険性にまで配慮しながら、いまは亡きフレディ・マーキュリーの栄光と苦悩に満ちた人生を思い遣った。大きく重いものを背負って、フレディはステージで、片野坂はスタジアムで、観客の胸を震わせ、人々の日常に湧き上がる力を届けていく。

そのために敢然と立ち向かい、テクニカルエリアで躍動する指揮官のチャレンジが、その特徴的なスタイルとともに、クラブの、Jリーグの、サッカーの歴史に刻まれ、いずれ伝説となっていくように。

その歴史的過程を余すところなく見守ることが出来るわれわれは、この上なく刺激的でしあわせな日々を過ごせているのだと思う。

●著者紹介――――

ひぐらしひなつ

大分県中津市出身。サッカーライター。大分トリニータのオフィシャルメディアへの執筆やサッカー専門新聞「EL GOLAZO」大分担当など、大分を拠点に活動しつつ、幅広い地域やカテゴリーを取材。

著書に『大分から世界へ 大分トリニータユースの挑戦』(出版芸術社)『サッカーで一番大切な「あたりまえ」のこと――弱くても勝つ大分高校サッカー部』(内外出版社)『監督の異常な愛情――または私は如何にして心配するのを止めてこの稼業を・愛する・ようになったか』(内外出版社・第6回サッカー本大賞読者賞)『救世主監督・片野坂知宏』(内外出版社)がある。

カタノサッカークロニクル

片野坂知宏の挑戦

発行日　2020年 8月10日　第1刷
著　者　ひぐらしひなつ
発行者　清田名人
発行所　株式会社内外出版社
〒110-8578 東京都台東区東上野2-1-11
電話　03-5830-0368　(企画販売局)
電話　03-5830-0237　(編集部)
https://www.naigai-p.co.jp
印刷・製本　中央精版印刷株式会社

ISBN 978-4-86257-503-6　C0075

救世主監督・片野坂知宏

ひぐらしひなつ

J3 → J2 → J1。
史上初の二段階昇格を成し遂げ、J1 で旋風を巻き起こす片野坂知宏監督と大分トリニータの選手たち !!　J1 昇格までの軌跡と昇格後の戦いぶりを描いたエンターテイメント群像劇。好評 3 刷 !!

定価・本体 1400 円＋税　ISBN9784862574688

監督の異常な愛情

ひぐらしひなつ

限られた環境、予算、戦力で、戦術・分析・采配を駆使し戦い抜く監督たち。逆境に立ち向かい、鉄火場に立ち続ける、敗れざる者たちへの賛歌 !!
田坂和昭／片野坂知宏／北野誠／高木琢也／吉武博文

第 6 回サッカー本大賞読者賞

定価・本体 1500 円＋税　ISBN9784862573537

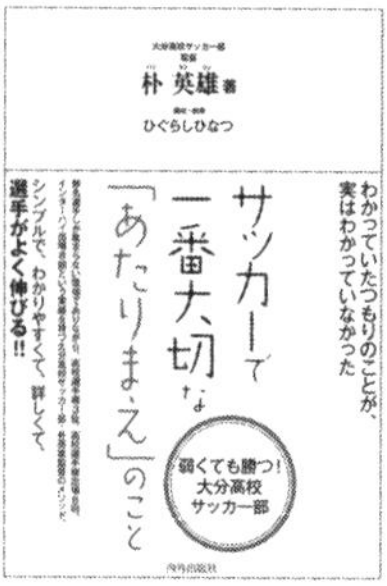

サッカーで一番大切な「あたりまえ」のこと

朴英雄・ひぐらしひなつ

2 番手、3 番手の選手しか集まらない環境でありながら、幾度も全国大会出場の実績を持つ大分高校サッカー部・朴英雄監督のサッカー哲学。
サッカーの原理・原則をシンプルに言語化した、超訳・ポジショナルプレー読本 !!

定価・本体 1400 円＋税　ISBN9784862572547

乾坤一擲

伊藤寿学

元前橋商業監督・奈良知彦が社長として窮地のザスパクサツ群馬を建て直した !!
経験の無さも、業界の違いも克服した教育者の信念と勝負師の魂。業界・経験を超えて成果を上げた義理人情社長の人生最後の大勝負 !!

定価・本体 1400 円＋税　ISBN9784862575043

年中夢求

平岡和徳・井芹貴志

50 名のＪリーガーを輩出し、市の教育長も務める名将が取り組む、家庭・学校・地域が三位一体となった教育。子供が夢中になって取り組む姿勢を引き出し、よりよく生きる力を育む。保護者、教員、スポーツ指導者、全ての人に通じるバイブル。

定価・本体 1400 円＋税　ISBN9784862574701

凡事徹底

井芹貴志

時間は有限、使い方は無限。24 時間をデザインするサッカー部の練習は 1 日 100 分。当たり前のことを人並み以上にやり抜く、「凡事徹底」の理念のもと、同校を全国大会の常連に育て上げ、50 名のＪリーガーを輩出してきた徳監督のチームマネジメントと人づくりに迫る。　好評 7 刷 !!

定価・本体 1400 円＋税　ISBN9784862573148